WIZARD

バフェット流 株式投資入門

優れた企業を見つける方程式

メアリー・バフェット、
デビッド・クラーク［著］
関本博英［訳］

The New Buffettology

The Proven Techniques for
Investing Successfully
in Changing Markets
That Have Made
Warren Buffett
the World's Most Famous Investor
by Mary Buffett, David Clark

Pan Rolling

単純であるのがベストという考えを投資と科学の世界に持ち込んでくれたチャーリー・マンガーとビリー・オッカムに本書を捧げる

本書は二〇〇七年三月に発売された『麗しのバフェット銘柄』を改題し、新装版にしたものです。

目次

謝辞

まず最初にウォーレン・バフェットに感謝の意を表したい。本書の執筆には直接関与しなかったが、彼は私たちに長年にわたる素晴らしい投資の知恵と寛容さを教えてくれた。投資家としての彼の天賦の才は、今後は有益な慈善活動に向けられるだろう。バフェットが保有するバークシャー・ハサウェイ株の金庫とも言うべきバフェット基金は、世界でも有数の慈善団体となり、将来の世代の人々に対して彼がこれまでに蓄積してきた投資の賜物を贈与するだろう。

いろいろな面で尽力してくれた出版責任者のエレナー・ローソン、リーサ・コンシダイン編集長、アン・バーソロミュー副編集長、コピーライターのスティーブ・ボルトの各氏、サイモン&シェスター社のジェニファー・ワイドマンとエミリー・レミ両弁護士にもお礼を申し上げたい。また（メアリー・バフェットの）夫のピーター・バフェットと親愛なる二人の娘たち（エリカとニコル）、困難な状況を魔法使いのように打開してくれたサブリーナ・ベンソン、変わらない友情と愛でわれわれを支えてくれたキティ・オキーフとシフア・ソューそしてパティ、黙々と原稿を校正してくれたシンディー・コノリー・ケイツの方々にも本当にお世話になった。

このほか、ベン・プラット、ジェシカ・シェム、エリック・ホフマン、ジェリー・スペンス、ジョン・ジョンソン、ロバート・ローズ、ティム・ビック、ポーリーン・マカーディカン、フリッツ・パールバーグ、ロブ・グリッツ、バレリー・シャート、ロジャー・ローウェンスタイン、アンディー・キルパトリック、アンディー・クラーク、（マナット・フェルプス＆フィリップス法律事務所の）ビンセント・ウォルドマン弁護士、テリー・ローゼンバーグ、ロバート・Ｅの各氏のほか、優しい愛で執筆作業を見守ってくれたケート・ベネッケにも厚くお礼を申し上げます。

免責事項

本書には筆者の考えや見解が盛り込まれているが、それらは特定企業の株式の売買を推奨するものではない。筆者と版元は、法律、会計、投資またはその他の専門的な仕事には従事していない。関係する法令は各州によって異なり、また特定の取引については連邦法が適用されることもあるので、証券や法務に関する専門的なアドバイスやその他のサポートを必要とする読者は、合法的な専門機関に相談していただきたい。筆者と版元は本書に盛り込まれた情報の正確さを保証することはできず、また本書に書いてあることを直接または間接的に利用して生じた結果（利益や損失など）については何ら責任を負うものではない。

まえがき

バフェットについて

株式投資による累積的な利益という点でウォーレン・バフェットは断トツの存在である。何しろ一〇万五〇〇〇ドルの資金を三〇〇億ドルに増やすというとてつもないことをやってのけたからである。そうした偉業を達成したバフェットとはどういう人物で、どのようにしてそれを成し遂げたのか。

バフェットは父の投資会社を倒産の瀬戸際に追い込んだあの一九二九年の株式大暴落の翌年に生まれた。こうした状況に遭遇した家庭の子供たちの例にもれず、バフェットも早くからお金に対する執着心が強かった。好きな遊びは両替商ごっこで、どこでもそれをやった。お金の計算が大好きだった彼は、六歳のときに初めて瓶詰めコカ・コーラ六本を二五セントで仕入れ、それをアイオワ州の湖で休暇を楽しんでいた人々に一本五セントで販売した。バフェットはその愛読書『一〇〇〇ドルを貯める方法（A Thousand Ways to Make $1000）』に従って、ワシントン・ポスト紙の配達や「ピンボール・ビジネスの経営」などによってお金を貯め始めた。がむしゃらに金儲けに夢中になっていた一九三八年には、ネブラスカのうだるような暑さのなか、数マイルも離れた競馬場まで歩いていき、おがくずだらけの床の上を四つんばいになって何時間も捨てられた馬券のなかから勝ち券を探していたという。

バフェットが最初に株式投資したのは一一歳のときで（買ったのはシティーズ・サービス株を三株）、ハイスクールを卒業する一七歳までに資産を六〇〇〇ドルに増やした。大学で三年間学んだあと、ハーバード大学とコロンビア大学のＭＢＡ（経営学修士）コースを受験したが、ハーバード大学には入れず、結局コロンビア大学のビジネススクールに入学した。だれにでもその後の人生を大きく変える決定的な瞬間というものがあるが、バフェットにとってのそれはコロンビア大学で教鞭を執っていたバリュー投資の始祖ベンジャミン・グレアムとの出会いであった。バフェットとグレアムはすぐに意気投合したという。コロンビア大学の同級生であるビル・ルーアン（セコイア・ファンドの会長）はそのときの二人の様子を、「火花が散っているようだった。バフェットは普通の学生とはちょっと違っていたからね」と話している。あたかもグレアムから眼帯を外してもらったかのように、バフェットは子供のときから夢見ていた大金を儲ける方法に突然目覚めた。それを彼に教えたのが師匠のグレアムであった。

コロンビア大学を卒業したとき、バフェットはグレアムに対して彼が経営する投資会社にジュニア投資アナリストとして雇ってくれと要請したが、グレアムは首を縦に振らなかった。しかし、すでにバリュー投資理論をマスターしていたバフェットは、無給でもかまわないと食い下がった。これに対してグレアムは、「君は自分の能力を買いかぶっている」と突き放したが、それでもあきらめないバフェットについに根負けして彼を雇うことにした。バフェットはグレアムが引退する一九五六年までその投資会社で働いたあと、故郷のネブラスカ州オマハに戻り、そこでグレアムの投資会社と類似した投資パートナーシップを設立しようと資金集めに奔走した。隣近所での勧誘はもとより、いろいろな投資クラブにも顔を出してパートナーシップへの参加を呼び掛けた。そのかいあって、八人の出資者と自らの資金一〇万五〇〇〇ドルでバフェット・パートナーシップを立ち上げた。

このパートナーシップは設立から一三年間に、年平均三〇%という驚異的な投資リターンを上げ続けた。敏腕な投資家という自身の評判が広まるにつれ、バフェットはさらに大きな資金を運用したいという野望が強まっていった。そこで彼はパートナーシップの納税申告書を人々に見せて、ここに出資すればこれだけ大きな利益が得られると強調した。自分の出資金はすべて再投資したが（これについてバフェットは「自分で作った料理を自分で食べていた」と語っている）、自分のお金を投資したくないときは他人のお金も投資することはなかった。

しかし、一九六九年になってバフェットはそれまでの強気相場が過熱状態となり、買われ過ぎであると判断した。こうした状況ではそれまでうまくいってきたバリュー投資がもはや不可能になったことを意味する。そこでバフェットはパートナーの人々に対して、こうした買われ過ぎの相場ではこれまでのような高いリターンを上げることはできず、意に染まない新しい投資戦略を取り入れるよりは、投資パートナーシップを解散したいと申し出た。出資者は現金を受け取ってもよいし、このパートナーシップが株式を持つ会社の株式を保有してもよかった。

投資パートナーシップが株式を保有していた企業のなかに、バークシャー・ハサウェイという上場繊維会社があった。パートナーシップがこの会社の過半数の株式を取得したのは一九六七年で、この年にバフェットはそれ以降の三〇年間にわたって株式を保有することになる数多くの保険会社の第一号を買収した。パートナーシップを解散した一九六九年以降もバフェットはバークシャーの株式を二七％まで取得し、その後もこの企業を個人的に支配できるようになるまで買い増した。

その理由はまず第一に、バークシャーはいくつかの保険会社を保有しており、これらの保険会社に支払われる保険料がかなり魅力的だったこと（バフェットはこの収入を「投資フロート」と呼んでいる）。バークシャーの過半数の株式を取得したもうひとつの理由は税金対策である。その当時、個人所得税は法人税よりもかなり高かった。投資対象として保険会社を利用すれば、低率の法人税が適用されるので資金を蓄積するには都合がよい。その当時はバフェットのような大口投資家が法人を隠れみのにして高率の個人所得税逃れをしないように「留保利益税」が適用されていたが、バフェットはまさにそれを逃れるために保険会社を利用したのである。保険会社はこの税金の適用が免除される数少ない業種のひとつだった。

バークシャーの投資フロートを手にし、高率の個人所得税からも解放されたバフェットは、もはや何の支障もない状態でバークシャーと自らの資産を増やしていった。彼のその素晴らしい投資手腕のおかげで、それ以降の三〇年間にバークシャーの資産は年平均二三％のペースで増え続け、一株当たり純資産は一九ドルから四万ドルに急増した。またバークシャーの株価も当初の一三ドルから約七万ドルへと、年平均二九％のペースで上昇していった。その結果、バークシャー・ハサウェイに対するバフェットの持ち分も当初の約七〇〇万ドルから三〇〇億ドル以上に膨れ上がった。彼はこの資産をたぐいまれな投資能力と保険会社の賢明な利用という方法で作り上げたのである。これによってバフェットは世界屈指の富豪のみならず、最も成功した株式投資家ともなった。

序文

バフェットはどのようにして一〇万五〇〇〇ドルを三〇〇億ドルに増やしたのか

本書は下降相場を利用して世界屈指の富豪となったウォーレン・バフェットの「選別的な逆張り投資法（selective contrarian investment strategy）」を、深く掘り下げて具体的に分析・解説した最新版のバフェット本である。また、彼の投資哲学が以下の投資企業でいかんなく発揮されたことを実証した最初のバフェット関連本でもある（H＆Rブロック、ブリストル・マイヤーズ・スクイブ、ミューラー・インダストリーズ、ファニチャー・ブランズ・インターナショナル、ジャスティン・インダストリーズ、ヤム・ブランズ、ジョンズ・マンビル、ショー・インダストリーズ、リズ・クレイボーン、ナイキ、ダン・アンド・ブラッドストリート、USG、ファースト・データ、HRPTプロパティーズ・トラスト、ファースト・リアルティー・トラスト、イージス・トラスト、JDNリアルティーなど）。

本書ではバフェットが株価の下降局面をどのように利用し、損失のリスクをほとんど取らないで前代未聞の大成功を収めたのか、また投資企業を見つけるためのバフェット流投資法の方程式についても詳述している。バフェットはいわゆる「持続的な競争力（durable competitive advantage)」を持つ企業にしか目を向けず、そうした企業の株式をどのような時期にどのような理由で購入・売却したのかについても詳しく分析した（これについて書かれたバフェット関連本はあまりない）。彼はコカ・コーラ株が一九九八年の好業績を反映してＰＥＲ（株価収益率）一六七倍のほぼ最高値まで買われたとき、その一七％の保有株を無税で売り抜けている。本書ではまた、今ではだれでも簡単に利用できるインターネットを利用してバフェット流の株式投資法を実践する方法についても詳しく述べた。

以前は信頼できる投資情報にアクセスできるのは一部の限られた大口投資家だけだったが、今では一般の個人投資家もウォール街の大手証券会社と同じようにインターネットの膨大な情報を簡単に入手できる。このようにインターネットはかつてはインサーダーしか入手できなかった情報を、一般投資家でも簡単に入手できるように広く門戸を開いてくれた。投資情報はもはや一部の人々だけの独占物ではなく、パソコンを数回クリックするだけでだれでも簡単に入手できる。

このようにインターネットは従来の情報の垣根をすべて取り払ったが、そのようにして得られた膨大な情報をどのように利用するのかはまた別の問題である。われわれはそうしたインターネットの無尽蔵の情報をどのように株式投資に利用したらよいのか。本書では皆さんがウォーレン・バフェットであると仮定して、いろいろな投資情報の収集・利用法を解説している。本書はバフェット流の株式投資法に関するソフト本である。本書を読めば一歩ずつ、バフェット流の投資法（株価の下落局面を利用して資産を蓄積する方法）を理解できるだろう。具体的にはどのような企業の株式をいつ購入して、どのような時期にそれを売却するのかであるが、バフェット好みの企業を単に知るだけでは不十分である。大切なことはそうした企業の株式をできるだけ安く買うことである。どんなに素晴らしい企業の株式でも高値で買ったのでは、大きな利益を手にすることはできない。株式投資で資産を築くには、素晴らしい企業の株式をできるだけ安い値段で買うことである。

バフェットは自らを証券アナリストではなく、ビジネスアナリストであると考えている。そこでわれわれも彼がどのようにして平凡な企業とエクセレント・カンパニーを選別したのかについて詳しく分析した。本書の最初の部分では、その方程式の質的な側面に焦点を当てた。そこではバフェットが優良企業の長期的な収益力や財務力をどのように評価したのか、さらにそうした企業が素晴らしい買い物となる適切な株価についても検討を加えた。この基準を満たす企業は必ず株価の下落局面を乗り越えて発展していく。バフェットのすごいところは、そうした数少ない企業の長期の回復力を見抜き、その株式が売りたたかれたときにきちんと仕込んでいることである。

次に企業分析の数量的な方程式を扱ったところでは、十分な安値で優良企業の株式を購入するバフェットのいわゆる「ビジネスセンス」にスポットを当てた。それは株式投資に当たってどのくらいの年複利リターンが得られるのかを予測するもので、インターネットで得られる情報を使った簡単な計算法を紹介している。本書ではそうしたデータをテキサス・インスツルメンツの金融電卓「BA－三五ソーラー」を使って計算した。三〇年前にはこうした便利な小型電卓は存在しなかったが、今ではウォール街の証券アナリストと同じようにだれでも簡単に利用できる。たとえ皆さんが数学に弱くても、心配はまったくご無用。この電卓を使えばあらゆる株式の将来のリターンが簡単に計算できる。本書ではまた、バフェットが最近投資した企業のケーススタディのほか、彼が重視した投資基準やリターン計算の方程式も紹介した。それに関する一連の質問事項に答えることによって、バフェットのユニークな考え方や投資法が理解できるだろう。

初版を読まれた方にとって、この新版はかなり趣を異にしていると感じられるかもしれない。しかし、バフェット流の投資法をよく理解できるという点では何ら変わりはない。バフェットの企業分析がどれほど的を射たものであったのかを示すうえでも、本書では初版のケーススタディを一新した。さらにかつては（バフェットを含めた）一部のプロの独占的な手法だった株式アービトラージを、個人投資家がインターネットを使ってどのように実践したらよいのかについても言及した。初版と同じようにバフェットの「ビジネスの視点に立った投資（Business Perspective Investing）」に基づいて、彼が株式市場の近視眼的な悲観主義を徹底的に利用し、長期的な成長力を秘めた素晴らしい企業の株式をどのようにして安値で購入したのかについては特に詳しく論じた。

本書はバフェットとのインタビューや談話、講義やその他の筆記物などを参考にしているが、彼自身は本書の執筆にはまったく関与していない。したがって、本書からバフェットの選別的な逆張り投資法をどのように学び、実践するのかはまったく読者の自由である。われわれはバフェットが保有している株式はもとより、彼の投資基準に基づいて購入したと言われる株式についても詳しく分析した（これについてほかの類似本ではあまり触れていない）。バフェットの株式売買時期を知りたいときは、ＳＥＣ（証券取引委員会）の資料を調べればよい。バフェットはわずか数日で何百万株の購入を決断し、そうした株式購入プランもわずか数週間で作成したという（保有株を売却するときも同じように即決したと言われる）。したがって彼の正確な株式売買日を特定することはできない。本書に記したすべての株式の価格は二〇〇二年二月現在のものである。

バフェットの選別的な逆張り投資法について述べるとき、税金やインフレの影響は考慮していない。初版ではそれらの影響についても詳述したが、バフェットの重要な投資原則を論じるときにそうした記述は不要であると考えた。彼の株式投資法は分かりやすいが、その投資原則の多くは人間の基本的な習性や一般的な投資原則とは相反している。したがって総悲観に買い向かうということを頭では知っていても、それを実際に実行するのはかなり難しい。しかし、こうしたバフェット流の逆張り投資法を理解・実践しなければ、株式市場で大きな利益を手にすることはできない。こうした現実をよく念頭に置きながら、金融電卓と鉛筆、メモ・計算用紙などを用意して第1章から読み進んでいただきたい。

二〇〇二年三月

メアリー・バフェットとデビッド・クラーク

第1章 相場を張らないバフェットがどのようにして全米一の株式投資家になったのか

「愚者と賢者が同じ木を見ても、それはまったく別物に映る」
――ウィリアム・ブレイク（イギリスの詩人・画家）

バフェットの株式投資法について述べる前に、まず知っておかなければならない大切なことがある。それは彼が（少なくとも一般的な投資用語の意味における）「相場を張る」ということをしていないことである。バフェットは株価のトレンドには興味がないし、そのときどきに主流となった投資手法にも関心はない。株価のチャートも描かないし、ウォール街で流行している（上昇株は買い、下降株は売りという）モメンタム投資法を取り入れたこともない。この点が従来の相場師と大きく異なるところである。バフェットはその投資キャリアを通して、そのときの株式市場で流行していたどのような投資手法も回避するのを常としていた。インターネット関連株やバイオテック株などの暴騰は喜んで見送ったし、ウォール街の喧騒にも一顧だにしなかった。それにもかかわらず、株式投資だけで一〇万五〇〇〇ドルの資金を三〇〇億ドル以上にも増やしたのである。

バフェットが株式投資で富豪になったのは、「自ら相場を張る代わりに、相場を張る投資家や投資信託などをうまく利用したからである」。すなわち、彼はほかの投資家の悲観主義や近視眼的な行動を徹底的に利用して富を蓄積していった。多くの個人投資家や投信などの機関投資家は、相場を張って目先の利益を追求している。つまり、目先の利益を追いかけている彼らは近視眼的な投資の考え方と手法にとらわれている。バフェットによれば、そうした近視眼的な行動は愚かな結果しかもたらさない。多くの人々がそうした行動に走っているとき、バフェットは巨額の資金を持って一般投資家や投信が売り急いでいるえり抜きの企業の株式を仕込もうと辛抱強く待ったあと、大胆に買いに出る。株式市場ではそうした今日の不人気株が明日には人気株になることを知っているからである。

バフェットがこうしたやり方をだれよりもうまくできるのは、多くの投資家が見逃している次の二つのことをよく知っていたからである。そのひとつは、株価を形成する一般投資家や機関投資家のほぼ九五％はいわゆる短期志向であること。つまり短期の材料に一喜一憂し、その企業の長期的な価値などにはまったく目を向けずに、好材料では買い、悪材料で売る、すなわちウォール・ストリート・ジャーナル紙の朝刊の記事によって株式を売買している。本当にバカバカしいことだが、多くの一般投資家や投資信託のファンドマネジャーなどはいつになってもそうしたことを繰り返している。彼らが株式を買う好材料とは、自社株買いや四半期利益の増加などのニュース、または株価が急に値上がりすることなどである（単に株価が上昇したというだけでその株式を買うのは「モメンタム投資」と呼ばれる。既述したように、もちろんバフェットはその時期に流行したそうした投資法は実行しないばかりか、まったく愚かなことと考えている)。

多くの投資家が株式を売る悪材料とは、不況による四半期利益の下方修正や中東での戦争の勃発など多岐にわたる。ウォール街のモメンタム投資家たちは株価が下がれば株式を売るので、それにつられて多くの投資信託も一斉に売り始める。バフェットによれば、そうした株式市場の悲観主義は絶好の買いのチャンスを提供してくれるので大歓迎である。一方、株価が上昇しているところに増益といった好材料が飛び出すと、その企業の株式は雲の上まで急騰する。これが「好材料(グッドニュース)現象」と呼ばれるものである。その反対に株価の下落という悲観的なムードが強いときに何らかの悪材料が伝えられると、その企業の株式は暴落する(いわゆる「悪材料(バッドニュース)現象」)。バフェットはそのどちらの現象も、その企業の長期の基本的な経済価値とはまったく無関係であることを見抜いていた。株式市場の近視眼はしょっちゅう企業の価値を過大に、または過小に評価するからである。

バフェットの二番目の慧眼は、その企業の真の経済価値はいつかは株式市場で適正に評価されることを知っていたことである。つまり、過大に評価された企業の株式はやがては適正な価値の水準まで下がり、そうした企業の株式を買っていた投資家は損をする。あのドットコム株バブルが弾けたときなどはその好例である。一方、長期の経済価値がしっかりしている企業は一時的に過小評価されても、やがてはその株価も回復してその投資家は大きく報われる。株価が半値になるほど保険業界を襲った二〇〇〇年の景気後退などはその典型例である。このときは自動車保険大手のオールステート株は一九ドル、バークシャー・ハサウェイ株は四万〇八〇〇ドルまで売り込まれたが、一年後にはそれぞれ約四〇ドルと七万ドルまで回復するなど、この時期にこれらの株式を買った投資家は七五％ものリターンを手にした。

バフェットを大投資家にしたのは、株式市場の近視眼的な悲観主義が優良企業の株式を周期的に過小評価することを見抜いた慧眼である。株式市場はときに優良企業に関する悪材料に過剰反応し、長期的な経済価値から見てかなり割安な水準までその株式を売りたたく（ほとんどの一般投資家や投資信託などの機関投資家は、悪材料で売ることについては先に指摘した）。こうした状況が来るとバフェットはやおら株式市場に出て行って、そうした株式をできるだけ多く買い集める。その企業の長期的な経済価値がやがては売られ過ぎの状況を修正し、大きな利益をもたらすことを知っているからである。株式市場では好材料で買い、悪材料で売るが、バフェットは悪材料で買う。彼はインターネット、コンピューター、バイオテクノロジー、携帯電話などの人気株が好材料で上昇しているときは黙って見送る。そしてウォール街の短期的な悲観主義が優良企業の真の経済価値を見誤っているとき、そうした不人気株を安値で仕込む。

キーポイント

強気相場の好材料で買うという投機的なやり方は、バフェットの得意とするところではな

い。彼はインターネット関連のハイテク株がブームになったときでも、ヤフー、プライスライン、アマゾン・ドット・コム、ルーセント・テクノロジーズ、CMGIなどの株式を保有したことはなかった。バフェットはそうした人気株を避け、短期的な悪材料が優良企業の株式を押し下げるのを辛抱強く待ち、そうした状況が来たらそれらの株式を大量に仕込む。これについてバフェットは、「株価を押し下げるのは特定の企業や産業に関する悲観主義です。われわれ（バークシャー・ハサウェイ）は有利な株価をもたらしてくれるそうした悲観主義が大好きです」と語っている。バフェットに巨万の富をもたらしたのは、株式市場の楽観主義ではなく悲観主義である。

この章のポイント

●バフェットはそのときの人気株を喜んで見送った。
●投資信託を含むほとんどの投資家は好材料で買い、悪材料で売るという短期志向である。
●こうした株式市場の短期志向が優良企業の長期的な経済価値をときに大きく過小評価する。
●バフェットは悪材料で買う。
●バフェットの天才的な能力とは、優良企業の長期的な経済価値を無視するほかの投資家の行動をうまく利用することである。

第2章

バフェットはどのようにして企業の悪材料から大きな利益を上げたのか

バフェットは私に、「ウォール街の人々は長期的な視点に立って物事を考えようとはしないんですよ」と言って慰めてくれた
——キャサリン・グラハム著『わが人生』

バフェットの選別的な逆張り投資法とは総悲観に買い向かうという手法で、ほかの投資家が見向きもしない不人気株を安値で仕込むことである。やがてそうした企業の業績と株価が回復すれば、大きな利益を手にすることができる。もっともバフェットによれば、そうした企業に投資するときは単に株価が安いというだけではダメである。その企業が優れた経済価値を持ち、なおかつ株価が安いという二つの条件をクリアしなければならない。そうした優良企業の魅力的な株価を生み出すのは、株式市場の近視眼的な悲観主義である。バフェットの基本的な投資手法は逆張りであるが、その対象となるのはあくまでも「持続的な競争力（durable competitive advantage）」を持つえり抜きの企業だけである。この手法は目先の利益を追求するという人間の本性に反するもので、常に優れた経済価値＋魅力的な株価という二つの絶対条件を満たす必要がある。

「逆張り投資法」と「選別的な逆張り投資法」の違い

逆張り投資法とは悪い業績の不人気株を買うことで、ユージン・ファーマとケネス・フレンチによれば、直近二年間の最安値株を買うとそれ以降の二年間に市場平均を上回るリターンが期待できるという。この手法では安い株価ということだけがポイントであり、その企業の基本的な経済価値についてはほとんど考慮していない。こうした伝統的な逆張り手法では持続的な競争力を持つ企業と価格競争型の企業をまったく区別していない。したがって、直近の株価が安ければどの企業の株式でも投資の対象となる。これに対し、バフェットの選別的な逆張り投資法とは持続的な競争力を持つ企業の株式が、近視眼の株式市場によって売りたたかれたときだけがその対象となる。いわば、その企業を丸ごと買うというビジネスセンスがそのベースとなっている。

キーポイント

バフェットの選別的な逆張り投資法の対象は、あくまでも株式市場の近視眼的な悲観主義によってその株式が安値まで売りたたかれた持続的な競争力を持つ企業である。

これを逆に言えば、もしも株式市場が近視眼的な悲観主義に支配されるようなことがなければ、割安な値段で優良企業の株式を購入できるというチャンスは来ないだろう。そうであれば、バフェットが二〇〇〇年にH&Rブロックの八％の株式を一株当たり二八ドル、また一九七四年にワシントン・ポストの一七〇万株を六・一四ドルで買うこともできなかったであろう（現在のH&Rブロック株は約六〇ドル、ワシントン・ポスト株は約五〇〇ドルである）。一年後のH&Rブロック株の（税引き前）リターンは約四一％、二七年間のワシントン・ポスト株の同リターンは八四六八％（年複利リターンは約一七・八％）である。さらにバフェットがジャスティン・インダストリーズ、ヤム・ブランズ、ジョンズ・マンビル、ショー・インダストリーズ、リズ・クレイボーン、ナイキ、ダン・アンド・ブラッドストリート、USG、ファースト・データなどの株式を安値で仕込むことができたのも、二〇〇〇〜二〇〇一年の株式市場の悲観主義のおかげである。

バフェットは投資キャリアのかなり早い時期に、（約九分ごと、一日では平均四四回ものトレードを繰り返す）デイトレーダーから投資信託のファンドマネジャーに至るほとんどの投資家が、目先の利益にしか目を向けていないことを見抜いていた。彼らは口では長期投資の重要性を強調しても、実際にしているのは目先売買である。これらの人々がどれほど賢明であっても、最終的な投資決定を下すのは人間の習性である。例えば、投資信託のファンドマネジャーはいつも高いリターンを上げなければならないという大きなプレッシャーを受けている。投資信託（ミューチュアルファンド）を購入する一般投資家のほとんどは、そのときのベストのリターンを上げたファンドに投資するからである。ワーストのリターンしか上げられないファンドマネジャーなどはすぐにクビとなり、有望な若いマネジャーと交代させられる。こうした状況から多くの優秀なファンドマネジャーも短期トレードに走らざるを得ず、目先の高いリターンを上げることが職を確保する条件となっている。

投資信託の近視眼的な行動

数年前、われわれ（筆者）は西海岸のある大手銀行の資金運用部で数百億ドルの運用を監督している中年の投資信託ファンドマネジャーとディナーを共にする機会があった。そのとき彼らが使っているという二〇〇〇社以上の企業を分析した（「投資ユニバース」と呼ばれる）分厚い資料を見せてくれた。それをぱらぱらとめくると、そこにはバフェットが買っていたキャピタル・シティーズ・コミュニケーションズがあった。この企業はトム・マーフィーという天才的な経営者が取り仕切るテレビ・ラジオ放送会社で、バフェットはこの会社が大好きだった。彼は「もしも一〇年間海の孤島で生活することになり、そのときにひとつの企業にすべての資金を投資しなければならないとすればこの会社だよ」と話していた。

このファンドマネジャーは彼のファンドが購入している企業の株式リストも見せてくれたが、そこにはキャピタル・シティーズの名前はなかった。われわれは「この会社はバフェットが最近買っている会社ですよ」と話したところ、彼は「この会社が素晴らしいのはよく知っています。でもその株式がこれから六カ月間に上がるとは思われないので、われわれはその株式を保有していないんですよ」という返事だった。何ということだ、こんな素晴らしい会社の株式が長期的に見るとこれほど魅力的な水準にあるというのに。彼の話によれば、彼らは常にベストの四半期リターンを上げるという大きなプレッシャーにさらされているという。競合ファンドの四半期リターンを下回るようなことになれば職を失って、今乗っているポルシェも手放さなければならないし、息子をハーバード大学にも行かせられないという（それもまた何とつらいことか）。

このファンドマネジャーはキャピタル・シティーズが素晴らしい投資対象であることは分かっているが、一株も所有していないのは向こう六カ月間に上昇するとは思われないからである。これなどは投信顧客のニーズだけに目を向けた典型的な近視眼的な考え方である。しかし、こうしたポリシーをとらないと短期的に高いパフォーマンスを上げたほかの投資信託に顧客を奪われるというのも、これまたつらい現実ではある（なお、キャピタル・シティーズは一九八六年にＡＢＣテレビと合併したあと、一九九六年にはウォルト・ディズニーがキャピタル・シティーズ・ABCを買収した）。

バフェットはほとんどの投資家が短期志向になるのは、悪材料で売るという人間の自然な反応に基づいていることを発見した。短期トレードで大きな利益を上げるには、株価が上がらないうちに値上がりしそうな株式を仕込み、下落する前に先手を打って売却する必要があり、そのためにはリアルタイムな情報が不可欠である。好業績が発表されると株価は上昇、失望すべき業績が伝えられると売られるからである。そこでは数年後の業績がどうなるというニュースなどは見向きもされない。投資家の関心は今の出来事だけに向けられている。今週中に状況が良くなりそうであれば買われ、来週に悪くなるようだと売られる。投資信託の株式回転率が高いのはこうした理由による。ほかのファンドよりも好成績を上げて、その年の最優秀ファンド賞を受賞するために多くの株式を絶えず入れ替える。

こうした悪材料で売るという現象は、夜のテレビの経済番組で企業の悪材料が発表されると、翌日にその株価が急落することでもよく分かる。そのニュースがサプライズを伴っていれば株価は暴落する。しかし、そのような悪材料が出るとバフェットの目は突然輝いてくる。バフェットにとってそうした株式市場の近視眼と悪材料現象は天からの贈り物である。そうした天恵が何十年間も積もり積もって三〇〇億ドルの資産になったのである。

キーポイント

悲観主義と楽観主義が投資決定の引き金になるという近視眼的な株式市場は、バフェットに大きな利益のチャンスを与えている。

ミスター・マーケットがバフェットを富豪にした

バフェットの師であるベンジャミン・グレアムは、ミスター・マーケット（相場の動きに一喜一憂する投資家のこと）という言葉を使って、彼に株式市場のそうした近視眼的な性質を教えた。このミスター・マーケットは上げ相場のときは好材料に歓喜し、下げ相場では悪材料に超悲観的となる。ある企業に目先的な好材料が出るとかなりの高値でも買われ、市場全体が総悲観になると悪材料が出た企業の株式は安値でもたたき売られる。ミスター・マーケットは毎日新しい株価を突き付けてくる。もしもあなたがある企業の長期的な展望は明るいと判断し、その企業を丸ごと買おうと決断したとき、ミスター・マーケットが笑顔で勧める高値、それとも苦い顔つきで提示する安値のどちらを受け入れるべきだろうか。それはもちろんミスター・マーケットがその企業の短期的な将来について悲観的になったときの価格である。

さらにグレアムはバフェットに対して、「ミスター・マーケットは君を導くためではなく、利益を上げるために存在しているんだ。その企業の経済価値に対する彼の考えではなく、彼が提示する株価だけに目を向けるべきだ」と教えたという。ミスター・マーケットの常軌を逸した考えに耳を傾ければ、経済的に破産するのは明らかである。彼の言うことを真に受けてある企業の将来をバラ色に考えてその株式を高値で買ったり、その反対にその業績について超悲観的になってとんでもない安値で売ることになるからだ。バフェットはこれまで、ミスター・マーケットと一緒に仕事をしている気持ちで株式投資をしてきたという。もっとも、彼はこのミスター・マーケットが短期志向であり、企業の基本的な経済価値についてはかなり躁うつの気があることを十分に承知していた。

次の章に進む前に、バフェットの投資法の要点をもう一度まとめておこう。彼によれば、すべての企業が彼の言う「持続的な競争力」、すなわち近視眼的な悪材料で下落した株価を回復するだけの力強いエンジンを持ち合わせているわけではない。バフェットは自らの投資原則に基づいて、安値まで売り込まれた持続的な競争力を有する企業の株式だけを買い集める。いわゆる選別的な逆張り投資法であり、こうしたやり方こそが株式投資で成功するというバフェット流の聖杯であった。

この章のポイント

- バフェットは選別的な逆張り投資法を実践している。
- 投資信託のファンドマネジャーからデイトレーダーに至るほとんどの投資家は短期志向であり、これこそが株式市場の本質である。
- ほとんどの投資家は悪材料で売る。
- 持続的な競争力を持つ企業は短期的な悪材料現象を乗り切るだけの力強いエンジンを持っている。
- バフェットはこうした持続的な競争力を持つ企業に投資することによって大きな資産を築いた。

第3章 バフェットは株式市場の近視眼をどのように利用したのか

バフェットはどのような企業に投資してきたのか。四五年以上にわたる株式投資キャリアを通じて、彼は株式市場の近視眼的な悲観主義を利用するには、その企業の基本的な経済価値が悪材料による株価の下落を乗り越えて、さらに発展していくものでなければならないことを確信した。そうした企業とは本質的に健全な事業を営んでいるばかりでなく、持続的に高い収益力を持つ企業である。バフェットの投資法は単に底値を拾うという伝統的な逆張り手法ではない。彼のやり方は株式市場の近視眼的な悲観主義をうまく利用して、最も優れた企業の株式をバーゲン価格で買うというものである。厳しく選別されたそれらの企業は一時的な株価の下落を克服するだけでなく、その株式はさらに上昇していくだろう。しかし、そうした優良企業の株式でもバフェットが買った直後からぐんぐんと値上がりするわけではない。例えば、GEICO（自動車保険の大手）の株価はバフェットが購入してから五二三〇%、ワシントン・ポストの上昇率は八四六八%にも達しているが（彼はウォール街の人々があたかも疫病神のようにみなしてこれらの株式から退散したときに仕込んだ）、これらの株式が大きな利益をもたらしてくれたのは、その有望なビジネス価値を信じて長期にわたって辛抱強く保有したからである。

これを次のようなたとえ話で考えてみよう。ここに二頭の競走馬がいるとする。一頭は素晴らしい連勝の記録を持つ「ヘルシー（Healthy）」、もう一頭は平均以下の実績しかない「シック（Sick）」という馬である。この二頭がインフルエンザにかかり、一年間走れなくなってしまった。今シーズンはまったく賞金を稼げないこれら二頭の市場価値は大きく下がってしまった。馬主たちはこれ以上の損失を食い止めようと、これらの二頭を売りに出した。さて、あなたならどちらの馬を買うだろうか。それはもちろんヘルシーであろう。まず第一に、あなたはヘルシーが強い馬であることを知っている。ヘルシーはシックよりも早くインフルエンザから回復して、再び賞金（大きな利益）を稼ぐだろう。一方のシックはたとえ病気から回復しても、その名のとおり再び病気にかかるのは確実で、こうした馬に投資したらひどい結果になるだろう。

バフェットもこの二頭の馬のように、企業を二つのグループに分けている。一方のグループはシックのような企業で、その経済価値はかなり脆弱である。これらの企業とはコモディティ型の商品やサービスを販売・提供している「価格競争型の企業」で、それらの商品は値段だけが勝負を決定する。もう一方はヘルシーのような企業で、いわゆる「持続的な競争力」という高い経済価値を持つ商品を扱っている。その商品やサービスはほとんど競争相手のいない独占的なブランド価値を有する。その商品が欲しいときはその企業から購入しなければならない。インフレに伴う値上げも容易であり、利益率もかなり高い。そうした企業は長期的に成長していくことが期待できるし、株式市場の過剰反応による一時的な株価の下落も簡単に乗り越えてしまう。バフェットによれば、この二種類の企業を選別する能力がないと、株式市場の近視眼的な悲観主義を利用して利益を上げることはできない。つまり、価格競争型の企業にはどのような特徴があるのかが分からないと、シックのような企業の株式をつかんでしまう。一方、持続的な競争力を持つヘルシーのような企業を見つける能力があれば、大きな利益を手にすることができる。

バフェットは野球の打法から投資アイデアを学んだ

バフェットは野球が大好きで、(二〇世紀最後の四割打者であり、また監督としても活躍した)テッド・ウィリアムズの『バッティングの科学』(ベースボールマガジン社)を読んだあとに、そのバッティング技法を自らの投資法に取り入れている。ウィリアムズはストライクゾーンを七七のボール大の領域に分け、ホームランを打つためにはベストの領域のボールしかスイングしなかったという。これにあやかって、バフェットもすべての企業をシックのような価格競争型の企業と、ヘルシーのような持続的な競争力を持つ企業に分類した。投資のホームランを打つには、ヘルシーのような企業が株式市場の近視眼的な悲観主義で売り込まれているときにヒットする（買う）ことである。バフェットによれば、ウィリアムズのようなプロの野球選手とは異なり、投資の打者はけっしてアウトを宣言されることはない。終日ホームプレートに立って凡球（価格競争型の企業）を見送ってもかまわない。バフェットが狙っているのは完璧にスイングできるボール（安値で売りたたかれている持続的な競争力を持つ企業）だけである。そうしたボールが来たときに思い切ってスイングしてホームランをかっ飛ばすのである。

以下の章では、この二種類の企業（持続的な競争力を持つ企業と価格競争型の企業）について詳しく検討する。

この章のポイント

●バフェットは企業をシックのような価格競争型の企業とヘルシーのような持続的な競争力を持つ企業に分類した。

●持続的な競争力を持つ企業とは独占的なブランド価値やユニークな特長を持つ商品やサービスを販売・提供する企業である。
●価格競争型の企業は他社でも生産・販売できる平凡な商品しか扱っていない。
●この二種類の企業を選別できないと、株式市場の近視眼を利用して利益を上げることはできない。

第4章
売上高利益率と在庫回転率

具体的にどのような企業に投資するのかを説明する前に、ここでバフェットが特に重視していたことについて検討しよう。それは、企業は売上高利益率や在庫回転率を高めることによって利益を上げるということである。これについてレモネードスタンドを例に取って説明しよう。例えば、一杯二ドルの経費をかけたレモネードを三ドルで売ったときの差額が売上高利益率であり、これが大きいほど利益は増大する。しかし、一杯のレモネードを一ドルで販売するとすれば、同じ利益を上げるには多くの在庫を用意していっそう多くのレモネードを売らなければならない。例えば、砂漠の通行人一〇人に一〇杯のレモネードを販売したとすれば、その利益は一〇ドルである。もっと多くの利益を上げるには利益率を高めるか、在庫回転率を向上させる必要がある。もしも広大な砂漠にレモネード店が一軒しかないとすれば、その独占的な地位を利用して高い値段で売ることができる。またそれほど高価な売値を付けなくても、多くのレモネードを売れば大きな利益を上げられる。

例えば、一年間に一〇万人の通行者が通る砂漠に五〇軒のレモネード店がある場合と、一軒しかないときの状況を考えてみよう。最初のケースでは競争が激しいので高い売値は付けられず、したがって売上高利益率と在庫回転率も低くなるだろう。もっと多くの客を引き寄せようと値引きをしようものなら、競合店も同じように値引き販売するのは明らかである。このように同じような商品を販売していれば、その商売の成否を決めるのは価格だけである。こうしたタイプの企業が価格競争型の企業と呼ばれるもので、バフェットはけっして手を出さなかった。

一方、砂漠に一軒しかレモネード店がないとすれば、高い値段を付けても多くのレモネードが売れて、在庫もどんどんはけていくだろう。このようにその地域で独占的な地位を確保している企業は、利益率と在庫回転率がともに向上していく。さらに（出資者であるジャックの名前にちなんで）素材を吟味した「ジャックのレモネード」というブランド飲料水を販売しようものなら、利益率と在庫回転率は飛躍的に向上するだろう。こうしたレモネードが「消費者独占型（consumer monopoly）」と呼ばれる強い競争力を持つ商品である。消費者がジャックのレモネードを飲みたいときは、この店から買わなければならず、これがブランドの強みである。H&Rブロック（個人向け税務サービス）、ナイキ（スポーツシューズ）、コカ・コーラ（ソフトドリンク）、ハーシー・フーズ（チョコレートバー）、ウィリアム・リグレー（チューインガム）、マクドナルド（ハンバーガー）、タコベル（パスタ）、KFC（フライドチキン）、サラ・リー（チーズケーキ）、ピザハット（ピザ）などはすべてこうした企業である。

バフェットは売上高利益率と在庫回転率が高い企業にしか投資しなかった。この二つの条件を満たす企業がないときは、そのどちらかを満たすことが投資の最低条件だった。こうした企業は悪材料現象を乗り越えて、長期的に大きな利益をもたらしてくれるからである。一方、バフェットがけっして投資しなかったのは利益率と在庫回転率がともに低い企業である。こうした企業は悪材料による株価の下落を克服することができず、したがって利益をもたらすこともない。利益率と在庫回転率は高いほど良いが、この二つの条件を満たさないときは少なくともそのひとつだけはクリアしなければならない。バフェットはこの二つが低い企業には絶対に手を出さなかった。

忘れてはならないこと

バフェットは株式市場の近視眼や悪材料現象によって、株価が下落した企業の株式を買うという単なる逆張り投資家ではなかった。彼は企業を二つのグループに分けた。そのひとつは長期にわたって持続的な競争力を持つ企業で、利益率と在庫回転率の高い独占的な商品を扱っている。二番目のグループは利益率と在庫回転率がともに低いコモディティ型の商品を扱い、商品の値段だけで勝負をするという価格競争型の企業である。バフェットが投資したのは最初の持続的な競争力を持つ企業だけであり、それは株価の下落をもたらした悪材料現象を乗り越えて長期的にその経済価値が向上していくからである。彼は二番目の価格競争型の企業にはけっして手を出さなかった。

キーポイント

持続的な競争力を持つ企業と価格競争型の企業を区別する鑑定眼を養うべきだ。バフェットと同じようにそうした眼力を持つ投資家は、近視眼の株式市場が株価をバーゲン水準まで押し下げてくれるのを待つだけでよい。

以下の章ではこの二種類の企業をどのように区別するのかについて検討したあと、それらの企業に投資する時期についてバフェットのやり方を紹介する。

効率的市場仮説は正しくもあり、また間違いでもある

かつて一部の大学の教授たちは、株価にはすべての公開情報が直ちに織り込まれるので

株式市場は効率的でり、それゆえに市場平均を上回るリターンを上げるのは不可能であると主張した。よってベストの投資法は、市場平均と連動するインデックスファンドに投資することである。これについてバフェットは、投資家の九五％は目先の利益を追求しているので、株式市場は短期的には極めて効率的であると述べている。彼によれば、短期のマネーゲームではこれらの人々にはかなわない。

しかし、これらの近視眼の人々は長期の投資戦略などはまったく持っていない。その証拠にわずか六カ月までの短期オプション市場では毎日何万枚もの取引が行われており、二年間の長期オプション市場の取引高は微々たるものである。バフェットの投資尺度によれば、二年でもまだ短期の投資スパンである（五～一〇年のオプション市場などは望むべくもない）。バフェットのすごいところは、株式市場は短期的には効率的であるが、長期的にはまったく非効率であることを見抜いていたことである。したがって、彼は株式市場の長期の非効率さを利用する投資戦略を作り上げた。これがバフェット流の選別的な逆張り投資法である。

この章のポイント

●バフェットによれば、ベストの投資企業とは売上高利益率と在庫回転率がともに高い企業である。
●次善の投資企業とはそのどちらかが高い企業である。
●利益率と在庫回転率がともに低い企業にはけっして手を出してはならない。

第5章

バフェットがけっして手を出さなかった企業

　バフェットによれば、株式市場の近視眼的な悲観主義を利用するには、どのような企業に投資するのかと同時に、どのような企業に手を出してはならないのかも知っていなければならない。そうした企業とはシックのような価格競争型の企業である。この種の企業は悪材料による株価の下落を乗り越えるだけの経済価値もないし、株式を購入した投資家に大きく報いるだけの長期的な収益力も持ち合わせていない。一般にこれらの企業はいろいろな内部問題を抱えており、経営陣は常に難しい決断を迫られている。そしてそうした問題が深刻化すると、企業の存続そのものも危うくなる。こうした価格競争型の企業は持続的な競争力を持つ企業よりも圧倒的に数が多く、その業績や株価も大きく変動するので、伝統的な逆張り投資家にとって格好の投資対象である。

　しかし、バフェットはこうした企業は悪材料現象を乗り越えて、株価がさらに上昇するだけの持続的な競争力は持っていないことを知っていた。彼の選別的な逆張り投資基準に照らせば、その株価がどれほど魅力的に見えようとも投資対象とはならない。こうした企業の株価がどんなに割安になっても、けっして利益をもたらしてはくれないからである。こうした価格競争型の企業を回避するには、株式投資の世界を森に見立てると分かりやすいだろう。自然観察家のあなたは価格競争型の企業という森の動物を見分けることができれば、そうしたつまらない動物を追いかけることはないだろう。

価格競争型の企業を見分ける

シックのような価格競争型の企業を見分けるのはそれほど難しいことではない。そうした企業の商品やサービスは値段が唯一の売り物であるからだ。この種の業種・企業とは次のようなものである。

●インターネットのポータル運営
●インターネットプロバイダー
●メモリーチップ・メーカー
●航空会社
●（トウモロコシや米などの）穀物生産

●鉄鋼製品
●石油・天然ガス
●林業・製材
●紙・パルプ
●自動車

こうした業種では企業間の競争が激しく、ビジネスの成否を決めるのは商品やサービスの価格だけである。ドライバーが求めるのは何もブランドのガソリンではなく、値段が安ければどの会社のガソリンでもよい。これと同じことはコンクリート、木材、メモリーチップについても言える（インテルは自社のブランド製品を盛んに宣伝しているが）。価格競争型の企業の代表である自動車メーカーや航空会社も激しい値下げ競争を繰り広げている。インターネットプロバイダーも多くの顧客を確保しようと値下げ競争を展開しているが、そのサービスはどれも似たり寄ったりである（その値段は数年前には一カ月一〇〇ドルというものもあったが、最近ではネットゼロなど無料のサービスも珍しくない）。

こうした状況はヤフーやアルタ・ビスタなどのインターネットのポータル運営会社でも同じである。インターネットの初期のころはこれら二社がポータル事業をほぼ独占していたが、コストが安くなると多数の会社がこの分野に参入し、今ではすっかり薄利のビジネスになってしまった。この事業の主な収入源はウエブ広告であり、ヤフーなどはいろいろなコンテンツを投入して顧客の取り込みを図っている。またインターネットプロバイダーの分野でも、ネット接続最大手のＡＯＬ（アメリカ・オンライン）が放送・娯楽コンテンツの大手であるタイムワーナーを買収するなど、業界再編成が急ピッチで進んでいる。

一方、空運業界でもロサンゼルスからサンフランシスコに行くには値段さえ安ければどの航空会社でもかまわないし、ゼネラルモーターズ（ＧＭ）とフォードの自動車を比べて安いほうを購入するだろう。こうした競争の激しい産業では売上高利益率も低く、これらの企業に投資してても大きなリターンはあまり期待できない。「こうした価格競争型の企業では値段の安さが勝負を決定する。価格競争を主導するのは最安値を提示する企業である」。この分野の企業が他社よりも高い利益率を確保するにはコスト削減という手段しかなく、そのためには内部留保利益を食いつぶして設備投資をしたり、ほかの企業を買収しなければならない。例えば、Ａ社が生産コストを削減して利益率を高めようと設備を更新すれば、市場シェアを奪われたＢ～Ｄ社も同じように設備投資に動くだろう。その結果、価格競争と利益率の低下という悪循環にはますます拍車がかかる。

全体的な需要が増大すれば商品の値上げも可能になると考えられるが、同じ商品を扱っている同業各社は他社をけ落とそうとしのぎを削っているのでそれも思うに任せない。こうした企業はバフェット好みの持続的な競争力を持つ企業とはまさに正反対である。持続的な競争力を持つ企業であれば、需要が盛り上がれば製品値上げもスムーズに通るだろうが、それはこうした企業は値段で勝負をしていないからである。

もっとも、価格競争型の企業でも需要が供給を上回る好景気の時期には少しはいい思いをすることができる。そうした時期には自動車メーカーのバランスシートも好転し、大規模な設備投資も可能になるだろう。利益の分配を求める株主には増配で応え、労働組合の賃上げ要求もすんなりと受け入れられる。しかし、ブームが終わると（すべてのブームはいずれは終了する）、残るのは過剰な生産設備、高額の配当支払い、重い労働コストなどである。それまで輝いていたバランスシートは再び赤く染まり、ＧＭなどは一九九〇～一九九三年に九六億ドルもの累積赤字を計上した。それまで積み増してきた二〇〇億ドルの内部留保はすぐに底を突き、まもなく工場閉鎖と減配、そして株価の暴落を余儀なくされる。

こうした状況はメモリーチップ・メーカーでもまったく同じである。一時は好景気に沸いたメモリーチップ大手のマイクロン・テクノロジーなどは、少しでも需要が減退すると製品価格は暴落する。例えば、二〇〇〇年七月には九ドルのピークを付けた六四メガビットＤＲＡＭ（ダイナミックメモリー）の価格は、それ以降の需要の落ち込みとアジアのメーカーによるダンピングというダブルパンチで六カ月後には三・五〇ドルまで暴落した。ブームに沸いたこの業界でも次の不況期には激しい価格競争が繰り広げられ、製品と株価の暴落は避けられない。（マイクロン・テクノロジーのような）半導体メーカーでも製品需要が増大すれば大いに潤うし、また航空会社も旅行客が増える夏場には繁忙となる。しかし、一般に需要が盛り上がればそれに伴って供給も増大し、いったん需要が減少すれば過剰供給がメーカーの利益を圧迫する。また価格競争型の企業が利益を上げるためには、優秀な経営陣の優れた手腕が不可欠である。その反対にそうした企業の経営陣が先を見通す能力に劣っていたり、経営資源を適切に配分できないと、すぐに激しい価格競争に巻き込まれて窮地に追い込まれる。

投資の観点から見ると、こうした価格競争型の企業は株主価値の増大などはとても期待できない。製品の激しい価格競争ゆえにその利益水準は不安定であり、事業を拡大したり、有望な新しい分野に進出するための資金もままならない。たとえいくらかの内部留保を保有していても、同業各社との競争に乗り遅れないためには、それらの資金を工場や設備の更新、研究開発に振り向けなければならない。さらにこの種の企業は多額の長期債務を抱えているのが普通である。例えば、GMの二〇〇〇年の長期債務は約一三六〇億ドルであるのに対し、一九九〇〜二〇〇〇年の累積利益はわずか三四〇億ドルにすぎない。GMがこの一〇年間のすべての利益を銀行に預けたとしても、その程度の資金では長期債務の返済には焼け石に水である。またライバルであるフォードの同年の長期債務も一六一〇億ドル、過去一〇年間の累積利益は三七五億ドルである。たとえフォードがかなりの利益を上げ続けたとしても、それによって長期債務を完済するには三八年もかかってしまう。これが素晴らしい企業と言えるだろうか。自動車業界がブームに沸いたときにこうした企業の株式を購入したとすれば、その結果がどうなるかは明らかであろう。

一方、空運業界でも健全経営で知られるユナイテッド航空の二〇〇〇年の長期債務は約五〇億ドル、それまでの一〇年間の累積利益は四〇億ドルである。しかし、強力な労働組合と高い固定費を抱える航空会社が長期にわたって株主に報いるのは容易なことではない。こうした価格競争型の企業もときにその製品のブランド価値をPRすることによって商品の差別化を図ろうとしているが、それは単に消費者に競合各社の製品よりも良いということを信じさせようとしているだけである。商品の値段だけで勝負しているかぎり、勝者になれるのはコスト競争に勝った企業だけである。

バフェットはよくこうした価格競争型の企業の好例として、アパレル製品メーカーのバーリントン・インダストリーズを引き合いに出している。同社の一九六四年の売上高は一二億ドル、株価は（株式分割調整後で）約三〇ドルだった。一九六四～一九八五年の二〇年間に事業の効率化と収益の向上を目的に約三〇億ドル（一株当たり約一〇〇ドル）の設備投資を行った。その結果、一九八五年には売上高が二八億ドルに達したが、その間のインフレ率を考慮すれば実質的にはマイナスである。また売上高利益率やＲＯＥ（株主資本利益率）を見ても一九六四年よりも低下している。一九八五年の株価は三四ドルと二〇年前のそれをわずかに上回っているが、その間の三〇億ドルの設備投資と経営陣の必死の経営努力を考えると、あまりにもささやかな値上がりではないだろうか。

バーリントンの経営陣は繊維業界でも屈指の優れた人々であるが、問題は業界そのものにある。同社の業績と株価の伸び悩みの根本的な原因は、この業界の激しい競争と過剰な生産設備である。過剰生産能力が競争を激化させ、それが利益率と株価の低迷をもたらしたのである。株価の長期的な上昇を目標とするならば、悪材料で下落した同社のような株式はけっして買ってはならない。バフェットも持続的な競争力を持たないバーリントンのような企業には絶対に手を出さなかった。バフェットはよく、優れた経営者が悪い事業の経営に当たっても業績が好転することはないと語っていた。つまり、だれが経営に当たっても、本質的にダメな企業を優良企業に変えることはできないという意味である。おとぎ話の世界では醜いアヒルの子供でも美しい白鳥になれるが、ビジネスの世界ではどれほど優れた王子（経営者）が現れたとしても、醜いアヒルはしょせん醜いアヒルでしかない。

この章のポイント

●バフェットの選別的な逆張り投資法では、その株価がどれほど魅力的に見えようとも、価格競争型の企業は投資の対象外である。
●価格競争型の企業には、悪材料現象による株価の下落を乗り越えるだけの収益力がない。
●多くの価格競争型の企業は競争力を維持するために常に設備を更新しているので多額の長期

債務を抱えている。

第6章

バフェット好みの企業

ドットコム・バブルの真っ最中に株式市場ではこぞってニューエコノミー株がもてはやされたが、そのなかでバフェットはその企業がどのように社会を変革または発展させるのかではなく、その企業の「競争力」とその競争力の「持続性」こそが株式投資の基本であると強調していた。企業の競争力とは独占的な商品で利益を生み出す能力、競争力の持続性とは同業他社との競争に打ち勝って将来的にも利益を出し続ける能力である。競争力には株価の下落をもたらした状況を乗り越えるだけの収益力、また競争力の持続性には長期にわたって事業を発展し続ける能力も含まれる。そうした条件を満たす企業とは、ユニークな商品やサービスを提供することによって強い競争力を確立した企業である。バフェットが注目するのはそうした企業が割安な株価水準にあるときで、これこそがバフェットの選別的な逆張り投資法の基本である。バフェットの投資法ではこの点が長年にわたって誤解されてきたので、以下ではこれについて詳しく検討したあと、そうした企業の見つけ方について説明していく。

持続的な競争力

バフェットはよく、城とその周りの壕《ほり》にたとえて企業の競争力を説明していた。彼によれば、企業は城、その周りに城を守る壕（競争力）がある。壕に相当する競争力にはその企業の主力ブランド商品も含まれ、例えばタコベルのチャルパ（メキシコ料理）、ＫＦＣのケンタッキーフライドチキン、Ｈ＆Ｒブロックの税務サービス、アンハイザー・ブッシュのバドワイザー、ウィリアム・リグレーのチューインガム、ハーシー・フーズのチョコレート、コカ・コーラのコーク、フィリップ・モリスのマールボロなどがこれに当たる。そうしたブランド商品はその会社からしか買えない。またある地域にひとつしかない新聞もそうした独占的な商品であり、その地域に広告を入れたいときはその新聞が設定した料金で掲載するしかない。こうしたブランド力や地域的な独占力が競争力と言われるもので、そうした企業は比較的自由に料金を設定できるので利益率も高く、参入障壁もかなり強固である。

しかし、バフェットによれば、ブランド商品や地域的な独占力といった競争力だけでは不十分であり、その競争力には持続性が伴わなければならない。すなわち、「そうした競争力を維持するために多額の設備投資を必要としない」で、将来的にもその競争力を持続できることである。これがバフェットの言う持続的な競争力を持つ企業の特徴である。あまりお金をかけないで持続的な競争力を維持できるメリットは次の二つである。そのひとつは、その企業の収益力が簡単に予想できること。その企業が毎年同じ商品を生産していれば、将来もその商品を生産しているだろうし、また一時的な悪材料現象による株価の下落局面も乗り越えられるだろう。バフェットにとって「持続的な競争力を持つ商品とは持続的な利益」を意味する。お金のかからない持続的な競争力のもうひとつのメリットは、それによって高い収益力を維持できれば、株主に対する利益還元も大きくなることである。競争力を維持するために常に設備更新を迫られる企業は、当然のことながら株主に回すお金も少なくなる。

お金のかからない持続的な競争力

その一例として、ハーシー・フーズを取り上げてみよう。同社はほぼ七〇年にわたってほとんど同じ商品（チョコレート）を生産してきたので、これからの七〇年間もその同じ商品を作り続けるだろう。あなたの祖父、母、子供のときのあなた、あなたの子供、そしてあなたの孫も食べ続けるであろうチョコレートである（バフェットもそのチョコレートが大好きだったので、一三歳のときにペンシルベニア州ハーシーにある同社工場までわざわざ買いに行ったという）。これと同じことはヤム・ブランズのタコベル、ピザハット、ＫＦＣについても言える。いずれも三〇年以上にわたって同じ商品を生産・販売している。またダン・アンド・ブラッドストリートは一五年以上にわたって、投資家にムーディーズ・インベスターズ・サービスの情報を提供しているし、コカ・コーラに至っては八〇年間も同じ清涼飲料を生産している。これらの企業が多額の研究開発費を計上したり、新製品を生産する工場を新設しただろうか。過去一〇年間に同じ商品を生産してきた企業は、これから一〇年間も同じ商品を作り続けるだろう。

バフェットによれば、持続的な競争力がある商品やサービスとはこうしたものを言うのである。一方、優秀な人材や大規模設備によって競争力を維持している企業もあるが、その商品のライフサイクルは短く、バフェットの基準に照らせばそうした企業の商品に持続性はない。例えば、IC（集積回路）大手のインテルは多くの優秀な人材を抱える優良企業であり（ティム・ジャクソン著『インサイドインテル』〔遊泳社〕を参照）、何回も社運をかけて困難を乗り切ってきた。その結果、モトローラやアドバンスト・マイクロ・デバイシーズなどの競合各社を向こうに回し、新しい革新的な製品を生産してきた。しかし、そのためのコストは膨大なものに上る。二〇〇〇年には研究開発コストだけで三〇億ドルを上回り、そうした経費を惜しめばその生産ラインは数年以内に老朽化するだろう。これに対し、ハーシー・フーズは新商品を開発するために多額の経費を計上しているだろうか。インテルの競争力は新しい革新的な製品を作り出すという経営陣の能力にすべてかかっている。経営陣が判断を誤れば、同社とその株主はたちどころにこけてしまう。

こうした状況は大手投資銀行のメリルリンチでもまったく同じである。同社はアメリカ資本主義の牙城ともいえる存在であるが、その収益は同社の優秀な人材とその顧客人脈に一〇〇％

依存している。もしもそれらの優秀な社員が他社に移っていったら、同社の強力な基盤と資産は直ちに崩れてしまうだろう。同社の屋台骨を支えているのは一流の投資バンカー、ブローカー、トレーダーたちであり、経営者はこれらの人材を社内に引き留めておくために高給を支払っている。バフェットはメリルリンチと同じような投資銀行であるソロモン・ブラザーズ（トラベラーズ・グループと合併したあと、現在のシティグループに吸収された）に投資していたとき、同社は国債購入に際してＦＲＢ（連邦準備制度理事会）の規則に違反したとして苦しい立場に追い込まれ、バフェットがその救済に乗り出した。彼は救済策の一環として優秀な社員に対する破格の待遇を是正しようとしたところ、多くの社員が同業他社に移って行ってしまった。バフェットはこのとき、この会社の第一の優先順位は社員であり、株主の利益は後回しになっていることを痛感したという。同社の競争力はその商品やサービスではなく、あくまでも一部のエリート社員の能力に依存している。

これをタコベルやH&Rブロックなどと比較すると両者の違いがよく分かるだろう。タコベルやH&Rブロックの一部の社員が他社に移ったからといって、そのブランド商品やサービスの競争力が損なわれるだろうか。同社を辞めた従業員が新しい会社を作ったとしても、本家の会社と対等に張り合うのはほぼ不可能であろう。タコベルのハンバーガーは一日三回の食事があるかぎり、毎日売れていくリピート商品である。調理時間を持てない人々が腹を空かせば、何回もタコベル店に足を運ぶだろう。また税金の申告がなくならないかぎり、人々は毎年H&

Rブロックのオフィスに通う。これらの会社はインテルのように絶えず新しい生産ラインを必要とはしない。その商品やサービスはリピーターの変わらないニーズに応えているのである。

だからといって、何もインテルのような会社がダメだと言っているわけではない。同社の競争力がその特有の企業文化に完全に依存していることを指摘したかっただけである。その企業の独創力を発揮するにはそれを生み出す企業文化の育成が不可欠であり、それなくしては強い競争力を維持することはできない。つまり、その競争力は商品そのものではなく、新しい商品を生み出す経営陣の能力にかかっている。もしもインテルが新しい製品を投入することができなくなれば、同社は直ちに競争の戦場から脱落するだろう。これに対し、バフェットが投資するのは消費者の心に深くインプットされているリピート商品を生産する企業である。これを逆に言えば、素晴らしいリピート商品を持っているがゆえに、あまり優秀ではない経営者でも十分にやっていけるような会社である。

キーポイント

持続的な競争力を持つ企業とは、持続的な商品やサービスを生産・販売している会社である。その企業が過去一〇年間も同じ商品を生産していれば、これからの一〇年間も同じ商品を作り続けるだろう。そうした予測ができる商品とは予測が可能な収益力を持つ商品であり、バフェットはこうした企業の株式が株式市場の近視眼的な悲観主義から売りたたかれたときに大量に仕込む。

この章のポイント

●バフェットによれば、株式投資の基本とは社会を変革または発展させるような企業をターゲットにするのではなく、持続的な競争力を持つ企業にすべてのエネルギーを注ぐことである。
●持続的な競争力を持つ企業とは、ユニークな商品やサービスを販売・提供している会社である。
●大切なことは、その商品やサービスの競争力に持続性があるということである。
●インテルのような企業も強い競争力を持っているが、それは優秀な人材や大規模な設備に依存したもので、その製品のタイムスパンは短い。その意味では持続的な競争力を持つ企業とは言えない。

第7章

株式投資に対するバフェットの考え方

これまでの説明で皆さんはバフェットの言う持続的な競争力というコンセプトを理解したと思われるので、ここではなぜ彼がインターネット関連株には投資しないのか、その理由について少し考えてみよう。バフェットによれば、多くの投資家は社会を大きく変えるような新しい産業の企業に目を奪われがちである。創造力をかき立てるそうした産業とは、ラジオ、自動車、航空、バイオテックなどであった。投資家はたちどころに大きな富をもたらすかもしれないそうした企業の株式をどんどん買い進んだが、やがてその株価は経済的実体から大きく乖離してしまった。そしてまさに重力の法則によってバブルは弾け、それらの株式は暴落した。

歴史を振り返ると、一九一九〜一九三九年の二〇年間にアメリカでは三〇〇社以上の航空機メーカーが生まれては消えていき、現在残っているのは一〇社にも満たない。航空会社も過去二〇年間に一二九社が倒産し、一九九二年までに倒産によって失われた航空会社の損失額は生み出された利益よりも大きかった。インターネット関連株のなかにも、かつては一〇〇ドルを超えた株価がそれ以降にゼロになったケースも少なくない。バフェットによれば、変化の激しいそうした企業は持続的な競争力を確立するのがかなり難しい。激しい変化と競争によってそれらの企業の収益力は上下に大きく振れ、それを反映した株価も大きく変動する。また新しい産業では業界地図が頻繁に入れ替わるので、持続的な競争力を確立する前に市場から退出される企業も後を絶たない。これを逆に言えば、新しい企業とは持続的な競争力のある商品を持たない企業であり、バフェットの選別的な逆張り投資法の対象とはならないものである。

バフェットはそうした新興企業にはけっして手を出さなかったが、ここではそうした企業でも投資対象に含めると仮定して、彼の株式投資に対する考え方について少し考えてみよう。バフェットの株式投資に対する基本的な考え方は、その企業を丸ごと買う価値がなければ、一株でも買わないというものである。こうした投資の考え方はウォール街の人々にはまったく理解されず、それゆえにユニークなものである。この考え方のベースになっているのは、その企業の株式時価総額（発行済み株式数×株価）である。例えば、X社の発行株数が一億株、株価が一株当たり五〇ドルであるとすれば、その時価総額は五〇億ドルとなる。もしもその株価が四五ドルに下落すると時価総額は四五億ドルに減少するが、株価が上昇すれば時価総額も増加する。

バフェットはこのX社への投資を検討するとき、次のように考える。今銀行に五〇億ドルの資金があるとして、それでこの企業を丸ごと買う価値があるだろうか（つまり、満足するリターンが得られるだろうか）。彼はそのときの株価というよりも、その企業を丸ごと買うとどれくらいのリターンが得られるのかという点を重視する。それを具体的に見ると、例えばヤフーの株価は二〇〇〇年三月一〇日現在で一株当たり一七八ドル、その時価総額は約九七〇億ドルである。ヤフーを丸ごと買うには九七〇億ドルの資金が必要であるが、それで利率七％の国債を購入すれば年間に六七億ドルの利息収入が得られる。これに対するヤフーの二〇〇〇年の利益は七〇八〇万ドルであり、これを考慮すると国債投資のほうがかなり有利である。

なかにはインターネットとヤフーの将来性を信じて疑わない投資家もいるだろうが、バフェットによれば、六七億ドルという国債の利息収入をみすみす捨てて、七〇八〇万ドルの利益しか上げないヤフーを丸ごと買うのはどう考えても賢明ではない。確かにヤフーが将来に大きな利益を稼ぐ可能性はあるが、国債の利息収入と同じ六七億ドルを稼ぐには何年先になるのだろうか。たとえ数年先にそれが実現したとしても、国債を購入すれば毎年六七億ドルが入ってくる。ちなみに、二〇〇〇年のコカ・コーラの利益は約二一億ドル、ＧＭの利益が四四億ドルという現実を見ても、六七億ドルという収入がいかにものすごいのかがよく分かるだろう。こうした点を考慮すれば、九七〇億ドルでヤフーを丸ごと買うのはまったくバカげているとバフェットは考える。

次にバフェットの大好きな自動車保険大手のオールステートへの投資を考えてみよう。バフェットは二〇〇〇年三月一〇日に、保険業界の不況で暴落したオールステート株を一株当たり約一八ドルで購入したと言われる（これはまだ確認されていないが、ここではこれが事実であると仮定して話を進める）。この時点の同社の発行株数は七億四九〇〇万株であるため、その時価総額は一三四億ドルとなる（七・四九億株×一八ドル＝一三四億ドル）。したがって一三四億ドルでオールステートを丸ごと買ったとすれば、この年に二二億ドルの利益を上げた同社への投資リターンは約一六・四％となる（二二億ドル÷一三四億ドル＝一六・四％）。わずか七〇八〇万ドルの利益しか上げないヤフーを九七〇億ドルで丸ごと買ったときのリターンが一％以下というのは論外としても、オールステート株を買ったときのリターンは国債投資よりもかなり有利である。もちろん、これだけ巨額の資金を投資するというのはわれわれの世界の話ではないが、大切なことはその企業を丸ごと買う価値がなければ、一株でも買ってはならないというバフェットの株式投資に対する考え方である。

一方、二〇〇〇年三月一〇日現在にヤフーとオールステートにそれぞれ五万ドルを投資したとしよう。二〇〇一年四月までにヤフー株は一七八ドルから一五ドルに九一％も暴落した結果、五万ドルの投資資金はわずか四二一五ドルになってしまった（これでは国債の利息収入並みの利益を上げるどころの話ではない）。これに対し、オールステート株は当初の一八ドルから四〇ドルに一二二％も上昇し、五万ドルの資金は約一一万ドルに増加した（なぜ二〇〇〇年三月にオールステート株が安かったのかといえば、それはニューエコノミー株の代表であるインターネット関連株を追い求めた近視眼的な投資家が、古くさい保険会社というイメージのこのオールドエコノミー株にそっぽを向いたからである）。バフェットがヤフーのような新興企業にけっして手を出さなかったのは、そうした企業には持続的な競争力がないということもあるが、最も大きな理由はビジネスセンスで判断するかぎり、その法外な株価は経済的実体とあまりにもかけ離れていたからである。ここから得られる教訓は、ビジネスセンスに照らしてその企業を丸ごと買う価値がなければ、その株式がどれほど魅力的に見えようとも、一株たりとも買ってはならないということである。

この章のポイント

- バフェットは持続的な競争力を持たない新興企業にはけっして手を出さなかった。
- バフェットは株式投資に当たって、その企業を丸ごと買ったときのリターンを投資決定の基準とした。
- 丸ごと買う価値のない企業の株式は、一株でも買ってはならない。

第8章

金利と株価

ここで金利と株価の関係について少し説明しておこう。バフェットはあらゆる投資対象の最終リターンを相互に比較していた（例えば、株式投資のリターンと国債利回りの比較など）。バフェットによれば、企業は利益を出してはじめて価値があるが、ときに株価はその企業のファンダメンタルズとは無関係に上下する。しかし、最終的に企業の株価はその利益水準に収斂される。このように、株価は基本的にその企業の利益水準とその他の投資商品のリターンによって決定される。例えば、ある企業が毎年一〇万ドルの税引き前利益を上げているとき、これだけを見てその企業に投資するだろうか。このときのAAA格債の利回りが一〇％であるとすれば、この社債に一〇〇万ドルを投資すれば毎年一〇万ドルの利息収入が得られる。一方、この企業から同じ一〇万ドルのリターンを得るには一五〇万ドルを投資しなければならない（利回りは一〇万ドル÷一五〇万ドル＝六・七％に低下する）。同じ一五〇万ドルで優良社債を購入すれば一五万ドルのリターンが得られるとき、この企業に投資する理由があるだろうか。こうした高い金利水準は株価の押し下げ要因として作用する。一方、同じ社債の利回りが五％に低下すれば、一五〇万ドルを投資しても七万五〇〇〇ドルのリターンしか得られず、その企業の株式投資のほうが有利になる。したがって、こうした金利の低下は株価の上昇要因となる。

ＦＲＢ（連邦準備制度理事会）が金利を変動させるときもこれと同じことが起こる。すなわち、ＦＲＢが金利を引き上げれば、企業に対する投資価値が低下して株価は下落、その反対に金利を引き下げれば株価は上昇する。しかし、ときに株価はＦＲＢの金利政策とは無関係に動くことがあり、とりわけバブル期などには株価は企業の利益水準とは無関係にモメンタム投資などによって大きく押し上げられる。もっとも、その後に景気が鈍化すれば、株価は大きな調整を余儀なくされる。ＦＲＢの目的は株価の調整ではなく、健全な財政政策によって経済を安定成長させることにある。景気が過熱すればインフレを引き起こすので、ＦＲＢは景気を沈静化するために金利を引き上げる（一九九九年など）。一方、不況になれば景気浮揚のために金利を引き下げる（二〇〇一年など）。

ＦＲＢのこうした金利政策が有効であるのは、企業や個人の経済が借金に大きく依存しているからである。低金利になれば借金が有利になるので経済活動は活発になり、高金利になれば金利負担が重くなって経済活動は鈍ってくる。こうしたことは住宅や自動車のローンを考えれば容易に分かるだろう。金利が低下すれば、ローンによる住宅や車の購入は活発になる。要するに、ＦＲＢが金利を引き下げれば景気が促進されて企業価値が向上し、それに伴って株価も値上がりするということである（その反対に、ＦＲＢが金利を引き上げれば、景気が鈍化して株価も下落する）。このように、株価と景気はＦＲＢの政策に大きく左右される。

この章のポイント

●金利が上昇すれば、企業への投資が不利になって株価は下落する。
●金利が低下すれば、企業への投資が有利になって株価は上昇する。

第9章

株価サイクルと選別的な逆張り投資

これまで詳しく検討してきたように、バフェットの選別的な逆張り投資は、①持続的な競争力を持つ企業、②割安な株価――という二つの条件に基づいている。彼によれば、持続的な競争力を持つ企業という条件だけでは投資対象とはならない。例えば、H&Rブロック株も三〇ドルでは有望な投資対象であるが、六〇ドルでは対象外である。株式投資から最大のリターンを得るには、この二つの条件をクリアしなければならない。バフェットの言う「ビジネスセンス」にかなっていることが必要である。つまり、彼のビジネスセンスにかなった株式投資の条件とは、あくまでも選別的な逆張り投資＋割安な株価である。バフェットによれば、株式相場や景気には周期性があるため、持続的な競争力を持つ企業にも必ず魅力的な株価がやってくる。この場合の「周期性」とは上昇・下降を繰り返す株価のサイクル、産業界の好不況や構造的変化、個別企業の景気、戦争の勃発などである。こうした事実を知っていれば、いつかは大きな利益が得られるチャンスがめぐってくる。以下では、こうした株価のサイクルとバフェットの選別的な逆張り投資について検討しよう。

下降相場

バフェットの選別的な逆張り投資にとって、下降相場はまたとない買いのチャンスである。こうした局面はマスコミがほぼ連日報道するのですぐに分かる。証券界は悲観一色となり、金融市場でも銀行の貸し渋りなどから資金の需給は逼迫する。こうした下降相場は株価が長期にわたって上昇し、いわゆるバブルを形成・崩壊したあとにやってくる。一九二〇年代の長期にわたるバブル期と一九二九年の崩壊、それに続く一九三〇年代前半の下降相場などはその典型である。また一九六〇年代の株価上昇は一九二〇年代以来の長期の強気相場を形成したが、一九七三年の反転とそれに続く一九七三～一九七四年の暴落、さらに一九九九年にピークを打って翌年に弾けた一九九〇年代のバブル相場と二〇〇一年の大暴落もその好例である。

一九六〇年代の上昇相場では、一九七三～一九七四年の株価急落に先立つ三年前のほぼ天井圏でバフェットは保有株を大量に売却した。また一九九〇年代の長期上昇相場でも、二〇〇〇年のバブル崩壊の前年に保有していた多くの企業の株式を処分している。一方、一九七三～一九七四年の株価低迷期にはワシントン・ポスト、ABCテレビ、ナイト・リッダー（新聞）、オグルビー&メイザー（広告代理店）などの株式を次々と購入し、また二〇〇〇～二〇〇二年にはヤム・ブランズやH&Rブロックなどの株式を大量に取得した。バフェットは多くの投資家が貪欲になると臆病になり、みんなが尻込みするときに大胆になる。つまり、弱気相場で種をまき、強気相場でそれを刈り取る。彼はこうした上昇・下降を繰り返すという株式相場のサイクルを十分に見極め、その選別的な逆張り投資法にしたがって割安株を仕込み、割高株を売却している。

キーポイント
下降相場こそが持続的な競争力を持つ企業の株式を、基本的な経済価値よりもはるかに安い値段で仕込める時期である。

下降から上昇相場へ

上昇相場は景気後退と下降相場のあとにやってくる。そうした時期にはコカ・コーラ、インテル、ゼネラル・エレクトリックのような優良株も一ケタ、または一〇倍前半のPER（株価収益率）で取引される（上昇相場では三〇倍以上のPERとなる）。二〇〇一年にはFRB（連邦準備制度理事会）が景気浮揚のために再三にわたって金利を引き下げたので、株価の上昇にはさらに弾みがついた。それまでの下降相場は選別的な逆張り投資にとって大きなチャンスであったし、投資信託でもそれまでのモメンタム投資専門のファンドマネジャーからバリュー投資のマネジャーへの入れ替えが活発になった。バフェットはこうした局面を「五〇セントで一ドルのものが買える」時期と呼んでいる。こうした時期には多くの企業の株式は下落するが、持続的な競争力を持つ企業にとってはむしろ資産を蓄積できる好機でもある。また株式市場の近視眼的な悲観主義から売りたたかれたそうした企業の株式は、バフェットにとってまたとない安い買い物である。

上昇相場

ＦＲＢが金利を引き下げると景気と企業業績は好転し、つれて株価も上昇に転じる。これが上昇相場の始まりで、投資家が続々と株式市場に参入してくるので株価はさらに値上がりする。こうした局面では投資信託もそれまでのバリュー投資の成果を大々的にＰＲするので、投資信託にはさらに多くのお金が集まってくる。二〇～三〇％もの高いリターンを見せつけられた投資家は、低金利のＭＭＦ（マネー・マーケット・ファンド）を解約してその資金を株式投資に振り向ける。またこの時期になるとモメンタム投資のファンドマネジャーが再び登場し、何本かのホームランをかっ飛ばすようになる。

上昇途上の押しや調整局面

一〇月になると株式市場では、一時的なパニック売りによる調整や押しの局面が見られるようになる。一九二九年の株式大暴落も一〇月に始まったことから、この時期の投資家は神経質になって保有株を売却したり、静観する姿勢を強める。歴史を振り返ると株式相場は九～一〇月に大きく下げることが多いので（一九八七年も一〇月にクラッシュがあった）、投資家は一九二九年のような局面が再来するのではないかと警戒心を強める。

キーポイント

バフェットは、上昇相場がバブルにならないうちはこうした調整局面も短期で終了し、絶好の買い場となることをよく知っていた。企業の基本的なファンダメンタルズには何の変化もないので、こうした局面での買いはかなり安全である。株価が一時的に下げたり調整するのは、企業の基本的なファンダメンタルズとはまったく関係のない理由からである。このように、企業や経済全体のファンダメンタルズに何の変化もないときに株価が下げたときは絶好の買いのチャンスとなる。バフェットによれば、こうした調整局面はすぐに終了するので、確信を持って迅速に行動すべきである。

彼がコカ・コーラ株を最初に買ったのは一九八七年一〇月の株式クラッシュのときだった。

こうした時期にはほとんどの株式が下げるが、特に減益といった悪材料が出た企業の株式は急落する。しかし、「こうした悪材料と株価の急落は選別的な逆張り投資にとってはベストの条件である」。持続的な競争力を持つ企業の株式は、こうした調整局面から一年もたたないうちに急速に値を戻すので、そうした株式を仕込んだ投資家は短期間に大きな利益を手にすることができる。もっとも、バブル期の天井圏で下げた株式には手を出さないように十分に注意しなければならない。

上昇相場の天井

ときに浅い押しや調整を入れながらも、上昇相場は数年間ほど続く。経済のファンダメンタルズは引き続き良好であり、株価もバブルほどにならないかぎり、上昇トレンドは続いていく。株価の安いところはその企業の本質的価値の水準であると考えられる。以前の下降相場ではモメンタム投資のファンドマネジャーは一斉に退場し、株価はその企業の本質的価値を下回るところまで売り込まれたが、そうした局面ではバリュー投資のファンドマネジャーが買いを入れるので株価は次第に回復する。株価が底値圏を抜け出して上昇トレンドに乗ると、モメンタム投資のファンドマネジャーや投資家が再び参入してくる。彼らは即座に大きな利益を狙って回転売買を繰り返すので、モメンタム投資のマネーゲームにはさらに拍車がかかる。

下降相場の終了間近のＰＥＲはひとケタだったが、上昇トレンドが進行するにつれてＰＥＲは当初の一〇～二〇倍から三〇～四〇倍、ときには五〇倍まで上昇する。こうした状況下では一部のバリュー投資のファンドマネジャーは株価の評価基準を変更し始め、市場平均のＰＥＲを下回る割安株に資金をシフトしていく。こうしたバリュー投資のマネジャーが株式市場にとどまっているかぎり、株価全体の上昇トレンドはまだ崩れていない。しかし、株価が五〇倍以上のＰＥＲまで買われるようになると、それまでの利益をベースとした投資尺度は売上高を基準としたものに取って代わる。そうなれば一九二〇年代や一九六〇年代、一九九〇年代後半のように、利益をまったく出していない企業の株式までが乱舞する。

この時期になると投資銀行も下降相場や上昇相場初期のように純利益をベースに新規公開株を値付けしていたものを、売上高を基準に新規公開値を決定するようになる（一九九八～一九九九年の上昇相場の天井圏では、売上高の約二〇倍の新規公開値が付けられていた）。一九九〇年代後半の上昇相場末期には、ベンチャーキャピタル・ファンドは笑いが止まらないほど儲かったものだ。利益を出していなくても売上高さえあれば、新興企業を公開するだけで大きな利益が転がり込んできたからである。こうした時期にネットスケープ・コミュニケーションズの創業者のひとりであるジム・クラークは、まったく利益を出していない同社の持ち株を売却して数十億ドルの利益を手にしたと話題になった。

キーポイント

「株式アナリストやマスコミがもはや企業の利益は主要な株価評価基準とはならないと言い始めたら、上昇相場は最終段階に入ったと解釈すべきだ。いわゆるバブルの始まりである」

この時期にはほとんどのファンドマネジャーはモメンタム投資のマネーゲームを繰り返し、年率七〇％ものリターンを上げるマネジャーも散見されるようになる。こうした状況を見ていたバリュー投資のファンドマネジャーも、それまでのやり方からモメンタム投資戦略に鞍替えするようになる。顧客の資金がモメンタム投資ファンドに流れると、自分たちは失業する恐れがあるからだ。

キーポイント

「もはやモメンタム投資のファンドマネジャーと張り合えないバリュー投資のファンドマネジャーがマーケットを去り始めたら、それはまさにバブルが弾けるときである」

バリュー投資家がマーケットを去るとき

長期上昇相場の天井であった一九九九年、メリルリンチのチーフストラテジストでバリュー投資の専門家だったチャールズ・クラフは、株式を買う合理的な基準がもはや存在しなくなったと判断した。彼は熱狂している投資家が法外な値段で株式を売買しているのを見て、相場の先行きに弱気になっていった。しかし、同社の株式ブローカーは買えば何でも儲かると思っている投資家に、次々と株式を売りつけて大きな利益を上げていた。自らの考えを主張することもできず、また株式ブローカーや熱狂している大衆投資家に迎合することもできないクラフは、自らの誠実さを貫き通すにはマーケットを去るしかなかった。今思うと彼のこうした行動は本当に予言的であった。

クラフのようなバリュー投資家がマーケットを去るときこそ、上昇相場がバブル期に入り、まもなく弾ける時期である。そうしたときはすべての保有株を現金化して、来る下降相場に備えるべきである。クラフのようなバリュー投資家が株式市場から退出するときに豊富な資金を手元に置いておけば、株価が割安になったときにいつでも買い出動できる。しかし、こうした弱気のサインを見逃すならば、大きな損失を被るばかりでなく、二〇〇〇〜二〇〇一年または二〇〇二年の株式暴落期に割安株を仕込むことはできなかっただろう。二八〇億ドルの資金を抱えてチャンスを狙っていたバフェットにとって、下降相場では現金こそが王様である。

多くの資金が次々と流入する上昇相場では、一攫千金を夢見る多くの投資家がマネーゲームに参入する。こうした大衆的な投機熱が株価を押し上げ、また景気を過熱させるのでインフレが再燃する。こうなるとＦＲＢが金利引き上げに動くため、最終的にはバブルが弾けることになる。しかし、こうしたことは何も突然に起こるわけではない。もはや企業の利益に目を向けないモメンタム投資家は金利の動きにも無関心になっているので、当初はマーケットもＦＲＢの金利引き上げを材料視はしない。金利が上昇するにつれてモメンタム投資家はますます人気株に資金を振り向けるので、それ以外の株式は大きく値を崩すようになる。

一九九九年もまさにそうだった。近視眼のモメンタム投資のファンドマネジャーたちがハイテク株を追いかけた結果、保険株などの不人気株は大量に売却され、生損保大手のオールステートやバークシャー・ハサウェイ株は先の高値の半値水準まで売り込まれた。すでにバリュー投資ファンドマネジャーはマーケットを去っており、バフェットなど少数の選別的な逆張り投資家を除いて、こうした不人気株を買う投資家は存在しなかった。一方、ハイテクなどの人気株はモメンタム投資家の買いでさらに上値を追っていった。こうした株価の二極化が起こると、それは人気株のバブルが弾ける前兆となる。こうした局面で押しを狙って人気株を買おうものなら、とんでもないことになる。

キーポイント
こうした株価の二極化現象が起こったら、モメンタム投資家に無視されている不人気株に目を向けるべきだ。それらの株式は非合理的な水準まで売り込まれているし、そうした割安株を仕込むバリュー投資家も存在しないからだ。バフェットは大きく売り込まれたそうした株式の有利さを十分に知り尽くしていた。

バブルの崩壊

金利の上昇、利益から売上高への株価評価基準のシフト、バリュー投資家の不在、そして株価の二極化現象が見られると、それは来る株価の暴落を暗示している。そうしたときに人気株を保有していたら直ちに売却して、不人気株に資金を振り向けるべきだ。バブルが弾けると人気株は暴落するが、不人気株は突然上昇に転じる。過大評価された株式から過小評価された株式に資金シフトが起こるからである。過小評価された不人気株が反転すると、モメンタム投資家は今度はそうした株式を買い進むことになる。バブルが弾けてから数カ月間で二倍になる不人気株も散見される。そうした時期には選別的な逆張り投資法に従って、持続的な競争力を持つ企業の株式を物色すべきである。それらの株式の多くはビジネスセンスに照らして、十分に買うに値する水準まで下げているからである。

持続的な競争力を持つ企業の株式は、上昇相場でも押しや調整局面を乗り越えて値上がりしていく。しかし、四〇倍以上のＰＥＲまで買われた多くの株式が一ケタのＰＥＲまで暴落するバブル崩壊以降には、もとの株価水準まで戻るのに何年もかかるので注意しなければならない。例えば、一九七三～一九七四年のバブル崩壊期に暴落したキャピタル・シティーズやフィリップ・モリスが、一九七二年の高値を回復したのはようやく一九七七年になってからだった。また価格競争型の多くの企業は先の高値を取り戻すことはできず、バブル期にそうした株式をつかんだ投資家はいつまでも大きな含み損を抱えていなければならない。

バブルが弾けたあと

一般にバブルが弾けると景気後退入りとなり、失業の増加や企業業績の落ち込みが伝えられる。そうなるとＦＲＢは景気浮揚のために金利を引き下げるので、自動車や住宅の販売は増加する。こうした状況を見た目先筋の投資家は景気回復を予想して買いを入れるが、その対象はゼネラル・エレクトリックやヒューレット・パッカードなどの業績裏付けのある著名企業である。一方、ＦＲＢが金利を引き下げても景気が好転しないと、不況はさらに深刻化し、株価もさらに落ち込む。一九二九年のバブル崩壊以降の一九三〇年代前半がまさにそうだった。経済が本格的な景気後退局面に入り、株価も大きく低迷すると、豊富な資金を抱えたバフェットのような選別的な逆張り投資家が有望な株式を仕込む時期となる。「バフェットは株式相場の動きではなく、あくまでもビジネスセンスに照らした株価水準に基づいて株式を購入した」（これについては以下で詳しく検討する）。

この章のポイント

●株式相場のいろいろな局面は、選別的な逆張り投資家に多くのチャンスを提供する。
●そうした投資家が買うのは、割安な水準まで売り込まれた持続的な競争力を持つ企業の株式である。
●近視眼の株式市場の群集心理が選別的な逆張り投資家に絶好のチャンスを提供する。

第10章 買いのチャンスを提供する局面

この章では産業全体の不況、個別企業の特殊事情、企業の構造的変化、戦争などによる買いのチャンスについて検討する。

産業全体の不況

バフェットはよく産業全体の不況とそれによる企業業績の悪化を利用して、優良企業の株式を購入している。不況が深刻になると企業のＥＰＳ（一株当たり利益）も大幅な赤字になったり、わずかな減益幅で収まる企業もある。こうした状況から業績が回復するには一～四年の期間がかかるが、こうした時期は素晴らしい企業の株式が買えるときでもある。しかし、最終的に倒産する企業もあるので、単に株価が安いという理由だけで株式を購入してはならない。不況になる前に財務内容のしっかりした好業績の企業に的を絞るべきだ。

キャピタル・シティーズ・ABCも一九九〇年の変動の大きい株式相場の影響をまともに食らってしまった。不況のあおりを受けて広告収入は減少し、この年の純利益は前年とほぼ同水準であると発表した。それまでの同社のEPSは毎年二七%ずつ伸びてきたことから、このニュースを聞いた株式市場は大きく失望し、その株価は六カ月間で六三・三〇ドルから三八ドルに急落した。利益水準は前年並みを維持したのに、株価は四〇%も失われたのである（一九九五年に同社はウォルト・ディズニーと合併することで合意し、これを好感したキャピタル・シティーズ株は一二五ドルまで急騰した。一九九〇年に同社株を三八ドルで購入し、一九九五年に一二五ドルで売却したとすれば、税引き前複利リターンは約二六%、一株当たりの上昇幅は八七ドルに達した）。

一方、ウエルズ・ファーゴも一九九〇〜一九九一年の全国的な不動産市況の暴落と不動産担保ローンのデフォルト（債務不履行）急増の影響を受けて約一三億ドル、五五ドルのBPS（一株当たり株主資本）のうち約二五ドル相当額を貸倒準備金に組み入れた。これは単に将来に起こるかもしれない損失に備えただけのもので、実際にそうした貸し倒れが発生したわけでも、または将来に発生することを意味するものでもない。そうした損失が発生したときに充当するためのものである。

五五ドルのBPSのうち二五ドルを損失発生に備えたとしても、まだ三〇ドルの純資産が残っている。実際に損失は発生したが、その金額は貸倒準備金に組み入れた金額よりもはるかに少なかった。一九九一年の損失は同行の利益をほぼ帳消しにしたが、その経営には何の支障もなく、二一〇〇万ドル（一株当たり〇・〇四ドル）とわずかながらも純利益を計上した。ウォール街はウエルズ・ファーゴをその当時破産に瀕していた多くの貯蓄貸付組合と同じようにみなし、同行の株価は四カ月間で八六ドルから四一・三〇ドルに急落した。一九九一年に利益が出なかったという理由だけで、株価の五二%が失われてしまったのである。このときバフェットはその発行済み株式の一〇%（五〇〇万株）を平均五七・八〇ドルで購入した。

バフェットはウエルズ・ファーゴを全米大手行のなかでは最も優良経営であり、世界の金融センターでも屈指の利益率を誇る銀行とみなし、同業の銀行に比べてかなり割安な水準まで株価が売られていると判断していた。銀行業界の競争は激しいが、同行のように世界の金融センターに本拠を置く銀行は、金融サービスを独占できる一種の有料ブリッジである。個人やパパママ・ストア、または大手企業であっても、社会で存続していくには銀行口座や一般借り入れ、自動車・住宅ローンなどは必要である。そうしたサービスを受けるには銀行に料金を支払わなければならない。同行が本拠とするカリフォルニア州は人口が多く、何千社という企業や中小の金融機関もひしめいており、それらの多くと取引している。

同行の貸倒損失は予想上限よりも少ない水準に収まり、一〇年後の二〇〇一年には約二七〇ドルまで株価は回復した。一九九〇年に同行株を購入したバフェットの税引き前複利リターンは約一六・八%に達し、銀行ほど素晴らしいビジネスはないと絶賛した。いずれの場合（キャピタル・シティーズとウエルズ・ファーゴ）も業界全体の不況で株価が暴落したときに、バフェットはバーゲン価格で両社の株式を大量に取得したのである。

個別企業の特殊事情

優良企業もときに愚かな行動を取り、大きな損失を出すこともある。そうしたほとんどのケースでは株式市場はその株価を売りたたく。そうしたときはその状況が一時的なものか、それとも致命的なものなのかを見極める必要がある。ほとんどの場合、持続的な競争力を持つ企業はこうした苦しい状況を乗り切るだけの財務力を有している。バフェットはＧＥＩＣＯとアメリカン・エキスプレスが同じような大失敗を犯し、株主資本がほぼゼロになったときに両社の株式を取得した。一九八〇年代初めにもタバコ関連訴訟で株価が売りたたかれたフィリップ・モリスとＲＪレイノルズ株を購入した。また不採算企業の買収でほぼすべての利益を失ったときに、マッテル（世界最大の玩具メーカー）の株式を取得したと言われる。

ときには持続的な競争力を持つ優良企業もバカなことをする。ＧＥＩＣＯは一九三六～一九七〇年代半ばには代理店を通さない直販方式で、優良ドライバーに廉価で自動車保険を提供して大きな利益を上げていた。しかし、一九七〇年代初めに経営を引き継いだ新しい経営陣は、規模拡大を図ろうとリスクの大きいドライバーにも保険を販売し始めた。その結果、予想どおりに事故発生件数は激増し、一九七五年には一億二六〇〇万ドルの赤字を出して経営破綻の瀬戸際に追い込まれた。同社の取締役会はこの経営危機を回避するため、新しいCEO（最高経営責任者）兼社長にジャック・バーンを迎えた。新社長に就任したバーンはバフェットに同社の大株主になるよう要請した。これに対しバフェットは、だれにでも自動車保険を売るというこれまでのやり方を改め、直販の廉価保険を優良ドライバーだけに販売するという従来の方式に戻ることをその条件とした。バーンがこの条件を受け入れたので、バフェットは同社の大株主となった。一九七六年に初めて投資して以来、一九八〇年まで同社株を買い増した。投資総額は四五七〇万ドルに達し、一九九六年にその価値は二三億九三〇〇万ドルになった。この一六年間の年複利リターンは約二八％となった。

一方、アメリカン・エキスプレス（アメックス）は一九六〇年代半ばにかなり特殊な事件に巻き込まれた。同社は倉庫業の子会社を通じて、穀物ディーラーのアンソニー・デ・アンジェリスが所有する六〇〇〇万ドル相当のサラダ油の存在証明を発行し、デ・アンジェリス社はそれを担保に六〇〇〇万ドルの銀行融資を受けた。同社が返済不能に陥ったことから、債権者である銀行団は担保になっていたサラダ油を処分しようとしたところ、それは実際には存在しないことが判明した。うかつにも存在しないサラダ油の存在証明を発行したアメックスは、最終的にその損失（六〇〇〇万ドル）を肩代わりすることになった。

これによってアメックスの株主資本はほとんど失われ、株式市場は同社株を大きく売りたたいた。これを見ていたバフェットは、たとえ株主資本がほぼゼロになっても、同社のクレジットカードやトラベラーズチェックという独占的な事業には何の支障もないと判断した。株主資本の毀損は長期的なダメージを与えないと読んだバフェットは、バフェット・パートナーシップの四〇%の資金を使って、同社の発行済み株式の約五%を取得した。それから二年間に同社株は再び買い戻され、保有株を売却したバフェットは二〇〇〇万ドルの利益を手にした。

最近では一九九九年にラーニング（コンピューターソフト）を買収したマッテルのケースがその好例である。赤字続きの同社株は一九九八年の四六ドルから二〇〇〇年にはわずか九ドルに急落したが、同社の主力商品であるバービー人形は引き続き好調であり、バフェットは選別的な逆張り投資に従って九～一〇ドルでマッテル株を取得したと言われる。その後にラーニング社を売却した同社の株価は二〇〇一年春までに一八ドルまで回復、安値を拾ったバフェットはわずか一年間で一〇〇%のリターンを手にした。これなどは一部の事業が一時的に不振となっても、持続的な競争力を持つ企業はそれを乗り越えて選別的な逆張り投資家に大きな利益をもたらすという好例である。

こうしたケースについては、次のように考えると分かりやすいだろう。仮にあなたがファストフードの大手であるヤム・ブランズを訴えて、二〇〇一年に四億五〇〇〇万ドル（同年のほぼ予想利益）を勝ち取ったとしよう。このニュースを聞いた株式市場は同社株を売りたたくであろうが、この特別損失は持続的な競争力を持つ優良企業である同社の二〇〇二年の利益には何の影響も及ぼさない。毎年の配当額に相当するこの金額を二〇〇一年には株主の代わりにあなたに支払ったと考えればよい。おそらく同社は二〇〇二年にはそれ以上の利益を上げるであろうし、二〇〇五年ごろまでには株式市場はそんなことはすっかり忘れて、株式も以前の水準に戻っているだろう。

企業の構造的変化

企業の構造的変化もときに特別損失をもたらし、それによって株価も急落する。合併やリストラ、企業再編などのコストが利益を圧迫し、株価も大きく下げるが、そうしたところは絶好の買い場となる。バフェットがコストコ（会員制卸売り大手）の株式を取得したのは、合併や企業再編コストで赤字を計上したときである。一方、株式会社からパートナーシップへの変更、ある事業のスピンオフなどの構造的変化が、株価にプラスの影響を及ぼすこともある。バフェットがテネコ・オフショアやサービスマスター（施設管理大手）の株式を購入したのは、株式会社からパートナーシップに企業形態を変更したときであった。またシアーズ・ローバックに投資したのは、保険事業であるオールステートのスピンオフを発表したからである。

戦争

一般に戦争も株価を下落させるが、それは大規模な武力衝突による経済への悪影響や将来の不透明さがマイナス要因と考えられるからである。そうした懸念から株式が一斉に売られると経済は大きく麻痺する。一九九〇年の第一次湾岸戦争や二〇〇一年の米英両軍によるアフガニスタンへの軍事攻撃のときがまさにそうだった。しかし、そのような株式の売りパニックが起こったときこそ、バフェットにとっては優良株を仕込む絶好のチャンスである。一方、二〇〇一年の九・一一同時多発テロのときも一斉に狼狽売りが出て、旅行業の先行きを懸念して航空、自動車レンタル、ホテル、旅行会社などの株式がこぞって売られた。人々が旅行を手控えると、これらの産業は大きな打撃を受けると予想されたからである。しかし、人々は永久に旅行をしなくなるのだろうか。そんなことはない。やがて人々が再び旅行に出かけるようになると、これらの株式は確実に回復するだろう。一部には倒産する企業も出るだろうが、バフェット流の選別的な逆張り投資家であれば真っ先に回復しそうな株式を仕込むはずだ。

以上、産業全体の不況、個別企業の特殊事情、企業の構造的変化、戦争とそれによる株価の暴落について検討した。これらはいずれも株価にとってマイナス要因となり、マーケットは株式を大きく売りたたくが、選別的な逆張り投資家にとってはそんなときこそ絶好の買いのチャンスとなる。

この章のポイント

●株価が大きく売られる出来事とは、産業全体の不況、個別企業の特殊事情、企業の構造的変化、戦争などである。

●こうした出来事が起こり、株価が大きく下げたときこそ絶好の買いのチャンスとなる。

第11章 隠れた資産を持つ企業

持続的な競争力とは、その企業が激しい競争を勝ち抜いて獲得した隠れた資産である。それには特許や著作権なども含まれ、価格競争型の企業でもそうした資産を持つことは可能である。他社よりも安い商品を提供したり、人気商品を独占的に販売することでその分野を独占的に支配できる。例えば、ある地域で二つの新聞が発行されていれば、いずれの新聞社も独占的なポジションを確保することはできない。しかし、一方の新聞社が経営不振で倒産したり、もうひとつの新聞社に買収されると、残った新聞社はその地域で独占的な地位を築くことになる。そうなれば独占的な利益も確保できるし、優秀な経営陣が経営に当たっているかぎり、その地位を脅かされることはないだろう。こうした地域独占の企業と対抗するには巨額の資金が必要となるうえ、利益率の大幅な低下も避けられない。これまでの価格競争型の企業でも、こうしたプロセスによって持続的な競争力を持つ企業に変身できるのである。

自動車メーカーのような価格競争型の企業でも、特殊な製品だけに特化することによってブランドを確立し、他社の追随を許さない持続的な競争力を持つ企業になることができる。例えば、ドイツのスポーツカーメーカーであるポルシェは、ユニークな高級車だけに特化することでそうした地歩を確立した。いったんこうした持続的な競争力が確立すると、ビジネス環境によほどの大きな変化が起こらないかぎり、その優位性が揺らぐことはない。もっとも、テレビ業界のようにかつては三大ネットワークが視聴者を独占していたが、今では何百チャンネルもあり、またインターネットとの競争も激化して、以前のような独占的な支配力が崩れてきたケースもある。しかし、いったん確立された持続的な競争力が直ちに崩れることはあまりない。例えば、持続的な競争力を持つ企業のひとつであるフィリップ・モリスは、一五州でタバコ訴訟が起こされたり、また政府が喫煙規制を強化しているにもかかわらず、四〇年来のベストセラー商品であるマールボロは依然として健在である。こうした持続的な競争力を持つ企業とは、次のようなビジネス分野に存在する。

一．繰り返し使われるブランド力のある消耗品を扱うビジネスで、その範囲はクッキーからパンティーストッキングまで多岐にわたる。

二．企業が自社製品を広くPRするときに利用する広告媒体。ブランド商品や生活必需品をPRするときはさまざまな広告媒体が必要となるため、この業界の利益率はかなり高い。

三．個人や企業が繰り返し利用するもので、税務代行、清掃、保安、害虫駆除などのサービス。

四．多くの人々が日常的に使用する必需品（宝石、家具、カーペット、保険など）を廉価で提供するビジネス。

一．ブランド力のあるリピート商品

ファストフード

バフェットはファストフードが大好きで、それを扱う企業にもよく投資した。ハンバーガーチェーンのマクドナルドやバーガーキング（のちにピルズベリーが買収）、（タコベル、ＫＦＣ、ピザハットを所有する）ヤム・ブランズなどで、彼はファストフードほど人々が繰り返し食べるリピート商品はほかにないと語っている。多くの人々はファストフードと言えばこれらの企業を思い出すだろう。全国規模のレストランチェーンと高度な物流ネットワークが、これらの企業のブランド力と持続的な競争力のベースとなっている。これらの企業は三〇年間にわたって同じ商品を提供し、その成長力や資本利益率はかなり高い。不況耐久力も抜群であり、下降相場や上昇トレンドの調整局面では最も有望な買い銘柄である。ときにハンバーガーやピザなどのちょっとした安全問題で、これらの企業の株式が大きく下げることもあるが、そうしたときは絶好の買いのチャンスである。

特許の処方薬

病気になって医者から薬をもらったとき、それを製造している企業がどこなのかを少し考えてみよう。この地球上では毎日多くの人々が国境を越えて移動しているため、新しい病気が次々と多くの国々に広がっていく。こうした状況の下では病気を治す薬の需要は増える一方であり、特にニーズの高いのが特許済みの医薬品である。病気を治したいときは、医者やゲートキーパー（医療アドバイザー）が処方した薬を飲むしかない。そうした処方薬の大手メーカーがブリストル・マイヤーズ・スクイブ、メルク、マリオン・メレル・ダウ、マイラン・ラボラトリーズ、イーライ・リリーなどで、いずれも資本利益率の高い高成長企業である。

これらの企業の絶好の買いチャンスは、ヒラリー・クリントン夫人が医療制度改革を打ち出した一九九三年に訪れた。近視眼の株式市場はこうした動きを嫌気してこれらの株式を大きく売り込んだが、バフェットはこのときにブリストル・マイヤーズ株を約一三ドル（EPS＝一・一〇ドル）で九五万七二〇〇株を取得した。二〇〇一年までに同社株は七〇ドルまで回復したことから、バフェットはこの投資によって二三％の年平均リターンを手にした。これらの企業は不況にも強いが、政府による医療制度改革の動きなどで株価が大きく下落することもあり、そうしたときは絶好の仕込み時となる。

食品

シリアル食品のケロッグをはじめ、キャンベル（スープ）、ハーシー・フーズ（チョコレート）、ウィリアム・リグレー・ジュニア（チューインガム）、ペプシコ（コーンチップのドリトス）、サラ・リー（チーズケーキとホットドッグ）、クラフト・ゼネラル・フーズ、コンアグラ（加工食品大手）などの企業がある。バフェットはピルズベリー（のちにグランド・メットが買収）やゼネラル・フーズ（フィリップ・モリスが買収）の株式を大量に取得したが、これらの企業は五〇年以上にわたって同じブランド食品を製造・販売している。われわれはチョコレートといえばハーシー・フーズ、チューインガムといえばウィリアム・リグレー、スープではキャンベルを思い浮かべるが、こうしたブランド力が持続的な競争力となっている。長期にわたって高成長を続けてきたこれらの企業の株式が、下降相場や上昇トレンドの調整局面で大きく売られたときは買いのチャンスである。

飲料

バフェットが株式を保有している企業には、コカ・コーラ（清涼飲料のコカ・コーラ）やアンハイザー・ブッシュ（ビールのバドワイザー）などがある。いずれも資本利益率の高い持続的な競争力を持つ企業であり、これらの企業は七〇年以上にわたって同じ飲料を製造・販売している。コカ・コーラはアメリカで消費される清涼飲料の三〇％のシェアを持ち、またアンハイザー・ブッシュは世界最大のビールメーカーである。バフェットは上昇相場の調整局面で初めてコカ・コーラ株を取得した。

トイレタリー・家庭用品

毎日使うトイレタリー・家庭用品には練り歯磨き、石けん、シャンプー、洗剤、タンポン、安全カミソリなどがあり、それらの大手企業がコルゲート・パルモリブ、プロクター・アンド・ギャンブル、ジレットなどである（バフェットはプロクターとジレットの株式を保有している）。これらの企業はいずれも収益率が高く、負債・純利益率は低い優良企業であり、少しの改良を加えただけのほぼ同じ製品を二五年間も販売している。バフェットはこれらの企業が大好きで、株価が安くなるたびに買い増している。もっとも、こうした企業は国内の不況には強いが、世界的な不況期にはさすがに大きな打撃を受ける。売り上げ全体の三〇％を西欧諸国に依存しているジレットは、最近の同地域の不況で大きく売り上げを減らした。

衣料品

ブランド衣料品は最も歴史の古い高収益商品である。リーバイ・ストラウスはカリフォルニア州のゴールドラッシュのとき、丈夫なデニムの作業服を金鉱作業員に販売したが、それが今のリーバイスのジーンズである。この業界の競争とコスト問題が深刻になるまで、このジーンズはリーバイ家にとって金の卵だった。そのジーンズの品質と耐久性は、持続的な競争力の好例である。このビジネスのメリットは製造を安い下請け業者に出せることで、スポーツシューズのナイキなども安い労働力を求めて韓国やインドネシアなどに生産拠点を移している。これらの商品の生産は価格競争型であるが、完成した商品にはメーカーのブランド力がある。バークシャー・ハサウェイが株式を保有するナイキは二〇〇〇年に五億七九〇〇万ドル、リズ・クレイボーン（アパレル衣料品）は一億八三〇〇万ドルの利益を上げた。

二．商品のPRに不可欠の広告産業

広告

昔から最も有効な広告は口コミであるが、多くの消費者に自社商品を広く宣伝するには広告媒体を利用する必要がある。それらはラジオ、テレビ、新聞、広告掲示板、ダイレクトメール、インターネットのバナー広告、専門誌などで、企業の競争が激しくなるにつれてますますそうした広告媒体のニーズが高まると予想される。大手企業は毎年巨額の広告費を投じて自社商品をPRしている。そうしないと競合各社から市場シェアを奪われてしまうからである。バフェットはこうした広告媒体は消費者と企業の橋渡しをする有料ブリッジであり、これからも尽きることのないニーズがあると見ている。

広告代理店

大手企業が全世界で自社商品を販売するには、国際規模で営業している広告代理店を利用する必要がある。それらの広告代理店は印刷物、掲示板、ラジオ、テレビなどを使って国際的にその商品をPRする。ゼネラルモーターズ（GM）やフィリップ・モリスなどは自社製品をPRするために傘下に広告会社を保有している。世界第二位のインターパブリック・グループは世界五二カ国の支店網を通じて、三〇〇〇社以上の顧客企業のために国際的な広告活動を展開している。バフェットは一九七三～一九七四年の株式クラッシュのときに、一七％の同社株を一株当たり三ドル（EPS＝〇・八一ドル、PER＝三・七倍）、また全米第五位のオグルビー＆メイザー株の三一％を約四ドル（EPS＝〇・七六ドル）で取得している。株価が再び暴落したときは、世界屈指の広告代理店であるオムニコム・グループが有望な投資対象となるだろう。

テレビ

テレビはその放映規模からいって、企業と消費者を結ぶ最大の広告媒体である。特にスーパーボウル（プロフットボールの王座決定戦）の時期ともなれば、企業は競ってテレビ広告に巨額の資金を投じる。以前は三大テレビ局（ABC、NBC、CBS）がテレビ広告を独占しており、バフェットは一九七八年の株式クラッシュのときにABCテレビ株を二四ドル（EPS

＝四・八九ドル、ＰＥＲ＝四・九倍）で大量に購入した（一九七二年の株式バブル期にはＡＢＣテレビのＰＥＲは二〇倍。一九九九年のバブル期にはＡＢＣテレビを買収したウォルト・ディズニー株はＰＥＲ四二倍で取引されていた）。またバフェットはキャピタル・シティーズ株をＰＥＲ八倍の値段で取得している。

新聞

新聞も一定地域を独占的に支配する広告媒体である。例えば、バフェットが投資したバッファロー・イブニング・ニューズ紙は、その地域に競合新聞が存在しているときは月並みのビジネスだったが、それらの新聞がなくなると支配的な地位を独占する高収益会社となった。またバフェットは一九七七年にナイト・リッダー株を八・二五ドル（ＥＰＳ＝〇・九四ドル、ＰＥＲ＝九倍）で取得した（一九七二年のバブル期のＰＥＲは二四倍、一九九九年の天井期は二〇倍）。このほか一九七三～一九七四年の株価暴落期には、ワシントン・ポスト株を五・六九ドル（ＥＰＳ＝〇・七六ドル、ＰＥＲ＝七・五倍）で購入している（一九七二年のバブル期のＰＥＲは二四倍）。一九八〇年にはロサンゼルス・タイムズ紙を保有するタイムズ・ミラー株を一四ドル（ＥＰＳ＝二・〇四ドル、ＰＥＲ＝六・九倍）で取得し（一九九九年のＰＥＲは二二倍）、一九九四年には一三四紙を発行するガネット株をＰＥＲ一五倍で購入している（一九九九年のＰＥＲ＝二四倍）。

雑誌

広い読者を持つ雑誌も有効な広告媒体であり、バフェットは金利が上昇した一九八〇年代初めの不況期にタイム、ピープル、スポーツ・イラストレーテッドなどの有力誌を持つタイムに投資した（その後タイムはワーナー・ブラザーズと合併してタームワーナーになったあと、AOL＝アメリカ・オンラインに買収されてAOLタイム・ワーナーが誕生した）。バフェットは印刷媒体とテレビ局を持つAOLの株式を保有したり、また一九二二年創業の無借金会社であるリーダーズ・ダイジェスト・アソシエーションにも投資している。

ダイレクトメール・広告掲示板

アドボは高収益の大手ダイレクトメール会社であり、またアウトドア・システムズは全米で一一万二〇〇〇カ所の野外広告のほか、ニューヨーク市では一二万五〇〇〇カ所の郊外広告掲示板を所有する（CNNテレビ創設者のテッド・ワーナーは当初、広告掲示板事業に乗り出したと言われる）。

三．消費者が常に必要とするリピート商品やサービスを提供するビジネス

この種の企業は労働組合のない未熟練労働者を必要に応じて雇用する。「オーキン（Orkin）」

の商標でシロアリ・害虫駆除サービスを提供するサービスマスターは、そのほかに家屋清掃、家政婦派遣、芝生の手入れ、保安サービスなども手掛けている。またH&Rブロックは個人向け税務サービスを提供している。クレジットカード事業ではアメリカン・エキスプレス（アメックス）やファースト・データが大手の有料ブリッジであり、これらのビジネスでは設備更新や研究開発コストが要らないという大きなメリットがある（バフェットは一九九八年の株式暴落期にアメックス株を取得している）。一方、シンタスは企業向けに制服、モップ、玄関マット、ぞうきんなどレンタルしている。またバフェットが投資しているダン・アンド・ブラッドストリートは企業向けにビジネス情報を提供し、インフォUSAは企業情報データベースの大手である。これらのビジネスには巨額の設備投資や高給の熟練社員も不要であり、仕事がないときは労働者を雇用する必要もない。すべての利益を事業拡大や株主向け配当、自社株買いに振り向けることができる。

四．生活必需品を廉価で提供するビジネス

価格競争型の商品を安値で販売する企業でも、長期にわたってそのビジネスを続けていれば、次第にニッチ市場でその地歩を確保することができる。バフェットが最初に見つけたこの種の企業は自動車保険を廉価で販売するＧＥＩＣＯで、同社はこの方法によって持続的な競争力を

持つ企業に成長した。また豊富な品ぞろえの商品を安値で提供するウォルマート・ストアーズも、商品の品質、サービス、価格の面で確固たるブランドを確立した小売大手である。バークシャー・ハサウェイが大株主となっているネブラスカ・ファニチャー・マートも、薄利多売ながらスケールメリットを生かして独占的な収益力を確立した。これらの企業は自社の店舗と敷地を保有しているため、低い利益率でも在庫回転率を高めることによって高い収益力を維持することができる。

こうした企業が存在するビジネスに新規参入するには巨額の資金が必要となる。その分野の利益率が高ければ参入する価値もあるが、薄利多売のこの業界で新規事業を採算に乗せるのは至難の業である。バフェットは二〇〇〇年に、一九二一年から創業しているファニチャー・ブランズ・インターナショナル（FBI）株を一株当たり一四ドル（EPS＝一・九二ドル）で取得した。同社株は二〇〇一年二月までに二五ドルまで上昇、その投資リターンは七八％に達した。バフェットは配管部品・チューブ・関連製品の安売り企業であるミューラー・インダストリーズ株（EPS＝二・一六ドル）も、先の高値の三二ドルから二一ドルに下落した二〇〇〇年一〇月に購入している。一九一七年創業の同社は一貫して廉価販売に徹し、同業他社の追随を許していない。

バフェットの故郷であるオマハで宝石店チェーンを展開しているボーシャイムもこうした企業のひとつである。同社は高級宝石店であるニューヨークのティファニーなどに比べて、高品質の宝石類を同業他社よりも安く販売する地元密着型の企業である。オーナーのアイク・フリードマンの誠実な人柄もあって、最近ではオマハ以外の地域からも来店者が絶えない。バフェットはこのビジネスに惚れ込んで一九八六年にフリードマンから同社の株式を購入した。このほかベッドやソファ、自動車保険、税務サービスなどを廉価で提供するビジネスも、長期にわたって安定した利益を確保できる事業である。

この章のポイント

●バフェットは次のようなビジネスも持続的な競争力を持つ企業に分類している。

一．繰り返し使われるブランド力のある消耗品を扱うビジネスで、その範囲はクッキーからパンティーストッキングまで多岐にわたる。

二．企業が自社製品を広くＰＲするときに利用する広告媒体。ブランド商品や生活必需品をＰＲするときはさまざまな広告媒体が必要となるため、この業界の利益率はかなり高い。

三．個人や企業が繰り返し利用するもので、税務代行、清掃、保安、害虫駆除などのサービス。

四．多くの人々が日常的に使用する必需品（宝石、家具、カーペット、保険など）を廉価で提供するビジネス。

第12章 インターネットによる情報の収集

バフェットは数字が大好きである。子供のころは自動車のナンバープレートやベースボールカードの数字などを暗記した。九歳のときはノートのすべてのページを数字で埋め尽くしたという。また新聞のある文字が何回出てくるのかを夜を徹して数えたこともあった。アメリカの主な大都市の人口は記憶していたし、教会では聖職者の寿命などを計算していた。瓶の栓から家の前を通り過ぎる自動車の台数に至るまで何でも数えた。子供のころのこうした数字マニアは、大人になると経済統計マニアとなった。バフェットは今でも何百社の年次報告書を読んでいる。家族旅行や社会的なイベントに出席するときでも多くの年次報告書を持参し、暇なときにそれらを読んでいるのではなはだ評判が悪い。確定申告も自分でするし、最初に自分で書いた確定申告書のコピーを今でも持っている。彼の最も好きな時間は、オフィスに座って企業の年次報告書を読んでいるときである。

バフェットは毎日、ウォール・ストリート・ジャーナル、ニューヨーク・タイムズ、ワシントン・ポストのほか、ロサンゼルス・タイムズ、シカゴ・トリビューン、フォーチュン、フォーブス、ビジネス・ウィーク、アメリカン・バンカーなどの新聞や専門誌を読んでいる。家を空けたときに寝室の横の部屋には、投資情報誌のバリューライン・インベストメント・サーベイやムーディーズ・ストック・ガイドなどが山積みになっている。また地下室の何列にもわたる大きなファイリング・キャビネットには、興味ある企業の年次報告書がびっしりと詰まっている（それらはのちにバークシャー・ハサウェイのオフィスに持ち込まれた）。バフェットは今ではインターネットを利用しているが、夜読むための新聞が部屋に置かれていないと不機嫌になる。

インターネットによって情報の検索は飛躍的に便利になり、バフェットもそれを十分に活用している。彼がいつも使っているのは、債券価格を含むすべての市況をカバーしているブルームバーグのプロフェッショナル・サービス（http://www.bloomberg.com/）、バリューライン・インベストメント・サーベイ（http://www.valueline.com/）などである。バリューラインはベンジャミン・グレアムの同時代人であるアーノルド・バーンハードが一九三七年に創設したもので、三五〇〇社の一五年間にわたる主要な財務統計（EPS・ROEなど）を網羅している。バフェットはムーディーズ・ストック・ガイド（http://www.moodys.com/）、六〇〇〇銘柄の株式情報をカバーするスタンダード・アンド・プアーズの株式レポート（http://www.standardpoor.com/）なども定期購読している。

バフェットはこのほか、二〇〇〇社以上の年次報告書や過去三〇日間のリアルタイム情報を電子配信しているPRニュースワイヤ（http://www.prnewswire.com/）、上場企業の年次・四半期報告書が網羅されているSEC（証券取引委員会）のEDGAR（有価証券報告書データベース、http://www.sec.gov/edgar.html）、数千社の一〇年間にわたるヒストリカルデータが検索できるオンライン投資サービス（http://www.msn.com/）なども利用している。彼はこうした情報源を活用して各企業の株主資本利益率や負債比率の推移、資本の適正利用状況、株式投資の是非などを分析している。

インターネットが利用できないとき

パソコンがなく、インターネットを利用できないときは、近くの図書館に行けばバリューライン、ムーディーズ、スタンダード・アンド・プアーズなどによって過去一〇〜一五年間の企業データが入手できる。また企業のIR（投資家向け広報）部署に電話して直近の年次・四半期報告書を送付してもらうという手もある。過去三〇年間の企業データが欲しいときは、図書館で「定期刊行企業ガイド（Guide to Business Periodicals）」を調べればよいし、企業の最新情報を知りたいときはフォーチュン、ビジネス・ウィーク、フォーブス、スマート・マネーなどの専門誌を読むのがベストである。

理解できることに的を絞る

バフェットはよく、マイクロソフトは世界で最も素晴らしい企業のひとつであるが、その事業がよく理解できないので、同社が持続的な競争力を持つ企業であるのかどうかは分からないと語っている。その企業が持続的な競争力を持っているのかどうかを判断するには、その事業の性質や商品をよく理解していなければならない。過去一〇年間のその商品の売れ行きなどはすぐに分かるが、今後一〇年間の状況を予想するのははるかに難しいからである。バフェットによれば、ハイテクなどのビジネスは変化が激しいので、その事業が将来も持続的な競争力を持つのかどうかを判断することはできない。したがって、そうしたビジネスの企業に投資するつもりはないという。

調査

企業データを入手したら、次はそうしたデータに基づいてその企業を精査することである。バフェットはよく競合他社に電話したり、またはそのビジネスに詳しい人にその企業についての意見を聞いていた。また企業のＣＥＯ（最高経営責任者）に競合各社のうちでどの会社が最も恐い存在なのかを尋ねていた。バフェットは一九九三年のあるパーティーでマイクロソフトのビル・ゲイツ会長と顔を合わせたとき（その直前にIBM株は三〇ドルから一〇ドルに暴落した）、彼はゲイツ会長にIBMとその持続的な競争力について質問攻めにしたという。それまでは単なる株式投機家だと思っていたバフェットが、コンピューター事業について詳しく質問してきたのを見て、ビル・ゲイツはバフェットに大きな関心を寄せるようになった。まもなくこの二人の富豪は家族ぐるみの付き合いをするようになり、大学生の前で一緒に講演することもあった。

バフェットの企業調査にかける情熱は、彼に大きな利益をもたらしたGEICO（連邦職員保険会社）に関する有名なエピソードにも表れている。バフェットがコロンビア大学のMBA（経営学修士）コースで学んでいたとき、師のベンジャミン・グレアムがGEICOの会長であることを知った。そこでバフェットはGEICOの本社があるワシントンまで電車で行き、午前一一時ごろにそこに着いた。興奮のあまりその日が土曜日で営業していないことに気づかなかったが、せっかく来たのだからと正面玄関のドアを何回もドンドンとたたいた。しばらくしてビルの管理人が出てきたが、バフェットは彼に「この会社について詳しく話してくれる人に会わせてくれ」と熱心に頼み込んだ。その迫力に圧倒された管理人はビルの六階に力になってくれる人がいるからと、バフェットをそこまで案内してくれた。そこにいたのはGEICOののちのCEOとなるロリマー・ダビッドソンで、彼はGEICOについて知りたがっているバフェットに対して、四時間にわたって保険事業やGEICOの活動などについて話してくれた。この話を聞いたバフェットはいっぺんでこのＧＥＩＣＯが好きになってしまった。そしてこの会社はそれから四〇年間に、四五〇〇万ドルの投資資金に対して一六億ドル以上の利益をバフェットにもたらしてくれたのである。

昔は企業の調査費用はかなり高く、また詳しいデータを入手するのに数週間もかかったので、働いている個人投資家にとってそれは不可能だった。しかし、今では便利なインターネットがあるので、一時間もしないですべての情報を入手できる。

この章のポイント

●インターネットを利用すれば、バフェットの選別的な逆張り投資法に必要な情報は簡単に入手できる。

●バフェットが利用している検索サイトは、http://www.bloomberg.com/　http://www.valueline.com/　http://www.standardpoor.com/　http://www.prnewswire.com/　http://www.sec.gov/edgar.html などである。

第13章

株式投資に関する一〇のチェック項目

隠れた宝（持続的な競争力を持つ企業）を探し当てたいと思えば、その場所を突き止める基準が必要である。バフェットは持続的な競争力を持ち、株式市場の近視眼による暴落局面を乗り切ることができるそうした企業の共通の特徴を発見した。近視眼の株式市場が絶好のチャンスを与えているときに、あなたもバフェットと同じように持続的な競争力を持つ優良企業の株式を仕込みたいと思うならば、そうした企業の特徴を十分に知っておく必要がある。そうした事前の周到な準備があれば、ほかの投資家が狼狽売りを出しているときに、確信を持って賢明に行動できるだろう。さらにミスター・マーケットが保有株を異常な高値に押し上げてくれたときも、ビジネスセンスに照らして保有株を適切に売却することができるだろう。バフェットのスピーディーな投資のやり方に一歩でも近づくことができるように、以下では彼が重視していた投資基準をリストアップし、それぞれの項目について詳しく説明した。投資の対象となる持続的な競争力を持つ企業はもとより、けっして手を出してはならない価格競争型の企業の特徴についても詳述し、さらに具体的な投資法についても解説した。

基準一　ROE（株主資本利益率）は高く安定しているか

持続的な競争力を持つ企業を見つけ、それに投資するための手掛かりはいくつかある。ブランド商品を持つ企業について調べてもよいし、優良企業が何らかの問題を公表し、株式市場がそれに過剰反応したときもそのひとつである。しかし経験則に従えば、バフェット流の投資法を実践する有効な方法のひとつは、ROEが高く安定している企業を探すことである。ヒストリカルな財務データをカバーしているバリューライン、大手五〇〇社の企業番付を発表しているフォーチュン誌などを見ると、この基準をクリアしている企業はそれほど多くないので、この基準を満たしている企業を見つけるのはそれほど難しくはない。バフェットも以前からこうした方法を実行しており、投資の初心者にもこの方法を勧めている。

持続的な競争力を持つ企業とは「一貫して」高いROEを維持している企業であり、それは「持続的に」と同義である。株主資本は総資産－総負債で表され、あなたが住宅を購入したときの資産の計算とまったく同じである。例えば、二〇万ドルの賃貸用住宅を自己資金五万ドル、銀行借り入れ一五万ドルで購入したときのバランスシート（貸借対照表）は次のようになる。

バランスシートとは企業の資産・負債・株主資本を記載したもので、特定日現在の財務状態

賃貸用住宅のバランスシート（2001/6/1 現在）

資産		負債	
賃貸用住宅	200,000 ドル	銀行借り入れ	150,000 ドル
総資産	200,000 ドル	総負債	150,000 ドル
		株主資本	50,000 ドル
		負債・資本合計	200,000 ドル

賃貸用住宅の損益計算書（2001 年に終了する年度）

収入	15,000 ドル
費用	10,000 ドル
純利益	5,000 ドル

を表しており、四半期ごとまたは年度末に一般に公表される。バランスシートとはその企業がどのくらいのお金を儲けたのかを表したものではなく、この賃貸用住宅から得られた所得、（住宅ローンの元利返済額や税金などの）費用、純利益などを記載したものは損益計算書である。年間の賃貸収入が一万五〇〇〇ドル、費用が一万ドル、純利益が五〇〇〇ドルだったときの損益計算書は次のようになる。企業の損益計算書は一定期間のすべての収益・費用・純利益などを表したもので、この二つの財務諸表は四半期ごと、または年度末に公表される。

この賃貸用住宅のＲＯＥ（純利益÷純資産）は一〇％（五〇〇〇ドル÷五〇〇〇〇ドル＝一〇％）となる。また例えば、資産一〇〇〇万ドル、負債四〇〇万ドル、株主資本六〇〇万ドルのＡ社が一五〇万ドルの利益を上げたとすれば、

	企業1	企業2
年	ROE	ROE
1992	28.4%	0.0%（赤字）
1993	31.2	3.8
1994	34.2	7.0
1995	35.9	14.5
1996	36.6	7.6
1997	48.8	23.8
1998	47.7	10.0
1999	48.8	0.0
2000	55.4	24.3
2001	56.0	6.9

そのＲＯＥは二五％（一五〇万ドル÷六〇〇万ドル＝二五％）となる。過去五〇年間の米企業の平均ＲＯＥは約一二％であり、この平均ＲＯＥを下回る企業はバフェットの投資対象とはならない。すなわち、一二％の平均ＲＯＥを下回る企業は価格競争型の企業、それを上回る企業は持続的な競争力を持つ企業とも言える。

キーポイント

一二％の平均ＲＯＥを下回る企業は価格競争型の企業、それを上回る企業は持続的な競争力を持つ企業である。

バフェットは全米企業の平均ＲＯＥ（一二％）を上回る企業だけを投資対象としており、この数値は高いほど良い。バフェットがこれまで投資した主な企業の平均ＲＯＥを見ると、Ｈ＆Ｒ

ブロックが二五％、ナイキ二〇％、ジョンズ・マンビル二〇～三〇％、ナイト・リッダー一四～二〇％、オグルビー＆メイザー一五～二二％、ゼネラル・フーズ一六％、コカ・コーラ三三％、インターパブリック一五～二二％、ABCテレビ一三～二一％、GEICO二〇～三〇％、RJレイノルズ一四～一八％、フィリップ・モリス二〇％、タイムズ・ミラー一六％、ハーシー・フーズ一六％、キャピタル・シティーズ一八％、ウォルト・ディズニー一五～二一％、サービスマスター四〇％、UST三〇％、ガネット二五％、ワシントン・ポスト一九％、マクドナルド一八％となっている。

キーポイント

一貫して高いROEを上げていることが投資の条件である。バフェットはROEにばらつきのある企業には投資しなかった。「一貫して」と「持続的に」は同義であり、彼が投資するのは一貫して高いROEを上げている持続的な競争力を持つ企業だけである。

あなたは一二六ページの表のうち、二社のどちらを投資対象とするだろうか。バフェットであればもちろん企業1である。そのROEは平均して高く、かなりの持続的な競争力を持つ企業であることが分かる。これに対し、企業2のROEは平均して低く、しかも相当のばらつきがあり、バフェット流の選別的な逆張り投資の対象とはならない。これは典型的な価格競争型

	企業1
年	ROE
1992	28.4%
1993	31.2
1994	34.2
1995	35.9
1996	36.6
1997	48.8
1998	47.7
1999	48.8
2000	55.4
2001	6.0（一時的な落ち込み）

の企業の特徴である。もっとも、持続的な競争力を持つ企業でも業界全体の不況や個別的な事情で収益が落ち込み、それによってROEが大きく低下することもある。近視眼の株式市場は過剰反応してその株式を売りたたくが、そうしたときには絶好の買いのチャンスとなる。一貫して高いROEを維持してきた持続的な競争力を持つ企業であれば、そうした一時的な株価下落局面からはすぐに回復するだろう。

基準二　ROTC（総資本利益率）も高く安定しているか

高ROEの企業について注意しなければならないのは、高配当や自社株買いなどによる高株価政策のために、意図的に株主資本を低く抑えている企業があることである。ゼネラルモータ

	GM		H&Rブロック	
年	ROE	ROTC	ROE	ROTC
1992	0.0%	0.0%	27.8%	27.8%
1993	44.1	9.7	26.7	26.7
1994	44.1	14.0	27.8	27.8
1995	29.7	13.0	12.0	12.0
1996	19.9	9.9	30.1	30.1
1997	34.1	13.0	13.0	11.2
1998	24.4	7.8	22.4	18.8
1999	30.0	10.0	23.0	15.0
2000	24.5	9.0	24.0	17.0
2001	22.0	9.0	29.7	16.0

ーズ（GM）などの価格競争型の企業がそうであり、こうした政策に惑わされないためにはROTC（純利益÷総資本）にも目を向ける必要がある。例えば、先の賃貸用住宅について見ると、総資本が二〇万ドル（自己資金五万ドル＋銀行借り入れ一五万ドル）、純利益が五〇〇〇ドルであるため、そのROTCは二・五％（五〇〇〇÷二〇〇〇〇〇＝二・五％）となる。バフェットは高く安定しているROEとROTCの企業を投資対象としていた。上の表は、典型的な価格競争型の企業であるGMと持続的な競争力を持つ企業のH&Rブロックについてそのの ROEとROTCを比較したもので、GMの過去一〇年間の平均ROEは二七・二％と立派であるが（一九九二年の〇％というのが気になる）、ROTCにはかなりのばらつきがある（平均ROTCは九・五％）。一方、H&Rブロッ

クの平均ROEは二一・五％、ROTCは二〇・七％とかなり安定している。

キーポイント

持続的な競争力を持つ企業は、一貫して高いROEとROTCを上げている。これに対し、価格競争型の企業はROEとROTCがともに低く、また年によってかなりばらつきがあるため、選別的な逆張り投資の対象とはならない。

バフェットが投資した企業の平均ROTCを見ると、H&Rブロックの二〇・七％をはじめ、ナイキ二一％、ジョンズ・マンビル一八～一九％、ヤム・ブランズ三〇％、ナイト・リッダー一三～一五％、オグルビー&メイザー一五～二二％、ゼネラル・フーズ一三～一五％、コカ・コーラ一八％、インターパブリック一五～二二％、ABCテレビ一三～一七％、RJレイノルズ一二～一五％、フィリップ・モリス二〇％、タイムズ・ミラー一三％、ハーシー・フーズ一三～二〇％、キャピタル・シティーズ一七％、ジレット一四～一九％、ウォルト・ディズニー一三～一九％、サービスマスター一九％、UST三〇％、ガネット一二～一八％、ワシントン・ポスト一七％、マクドナルド一三％となっている。

キーポイント
バフェットの投資対象は、ROTCが一二%以上の企業だけである。

金融機関

金融機関（銀行や投資銀行など）は資金の貸借による利ザヤを稼ぐビジネスであるため、かなりの借り入れを抱えている。例えば、住宅ローンを証券化して販売するフレディマックは一七五〇億ドルの短期債務と一八五〇億ドルの長期債務を持つ。借入金利が六%、貸出金利が七%であるとすれば、一二%のROTCというバフェットの投資条件を満たすことはできない。したがって、こうした金融機関については特別のROTCを適用すべきであり、一%以上であれば良、一・五%以上であればベストである。

キーポイント
（銀行や投資銀行などの）金融機関については、ROEは一般企業と同じ一二%以上とするが、ROTCは一%以上という特別の基準を適用する。

純資産

持続的な競争力を持つ企業が純利益の多くを配当に回しているケースを考えてみよう。こうした場合にはかなりの利益を上げても、株主資本は増えないのでROEは極めて高くなる（ときに五〇％以上）。こうしたケースはまれであり、かなりの収益力を持つ企業に限って例外的に見られるものである。そうした数少ない企業のひとつがアドボ（全米最大のダイレクトメール会社）で、一九二九年の創業以来長期にわたって安定した利益を上げており、そのROEも一八～二〇％と高く安定している。一九八六～一九九六年の長期債務はゼロ、一九九六年には一億六一〇〇万ドルの債務を抱えたが、一株当たり配当は一〇ドルだった。バランスシートには一億三〇〇〇万ドルの株主資本にこの一億六一〇〇万ドルの負債が加わったが、債務の増加でも高配当政策を続けているのは、同社の収益力がかなりの高い水準を維持しているからである。これなどは持続的な競争力を持つ企業の好例である。

バフェットが二〇〇〇年に株式を取得したヤム・ブランズ（ピザハット、タコベル、KFCの親会社）もこうした企業のひとつであり、もともとはペプシコの一部門であったが、一九九七年に分離独立した。スピンオフされる前の同社は四五億ドルの長期債務を抱えていたが、独立して三年以内に二〇億ドルを返済した。同社の二〇〇〇年のROTCは三五％であり（アドボのROTCも三五％）、こうした例外的なケースについてバフェットは平均ROTCが二〇％以上の企業にしか投資しなかった。こうした高く安定したROTCが持続的な競争力を持つ企業の条件であり、特に銀行などの金融機関についてはこのROTCが投資の有無を決めるカギとなる。

	A社 持続的な競争力を持つ企業	B社 価格競争型の企業
年	EPS	EPS
1992	1.07 ドル	－1.57 ドル
1993	1.16	0.06
1994	1.28	0.28
1995	1.42	0.42
1996	1.64	－0.23
1997	1.60	0.60
1998	1.90	－1.90
1999	2.39	2.39
2000	2.43	－1.25
2001	2.60	0.99

基準三　利益のトレンドは上向きか

持続的な競争力を持つ企業は一貫して高い利益を上げる収益力を有するが、ときにそうした企業にもＥＰＳ（一株当たり利益）にかなりのばらつきがあるケースも見られる。ＥＰＳとは純利益を発行済み株式数で割ったもので、バリューラインやヤフーなどのサイトで簡単に検索できる。上の表はＡ社とＢ社のＥＰＳの推移を比較したもので、Ａ社のＥＰＳは安定した上昇トレンドにあるため、持続的な競争力を持つ企業であると予想される。これに対し、Ｂ社のＥＰＳにはかなりばらつきがあり、典型的な価格競争型の企業である。バフェットはヒストリカルなＥＰＳが力強い上昇トレンドにある企業にしか投資していない。

	C社	D社
年	EPS	EPS
1992	1.07ドル	1.07ドル
1993	1.16	1.16
1994	1.28	1.28
1995	1.42	1.42
1996	1.64	1.64
1997	1.60	1.70
1998	1.90	1.90
1999	2.39	2.39
2000	1.75	2.43
2001	0.52（大幅な減益）	－1.22（赤字）

キーポイント

ヒストリカルなEPSが力強い上昇トレンドをたどっているのが持続的な競争力を持つ企業、かなりのばらつきが見られるのが価格競争型の企業である。

持続的な競争力を持つ企業に投資する絶好のチャンスは、①株式相場が大きく下落したとき、②減益発表などでその企業の株価が暴落したとき――のどちらかである。バフェットがH&Rブロック、ジャスティン・インダストリーズ、ヤム・ブランズ、ジョンズ・マンビル、ショー・インダストリーズ、リズ・クレイボーン、ダン・アンド・ブラッドストリート、USG、ファースト・データ、ワシントン・ポスト、コカ・コーラなどの株式を取得したのは①のとき、ナイキ、GEICO、アメリカン・エキスプレスの株式を購入したのは②のときである。株価の騰落には何らかの周期性があるため、株式相場全体の下落については分かりやすいが、個別企業特有の事情による株価暴落については注意が必要である。バフェットによれば、「その企業が克服可能な一過性の問題に直面し、株式市場がそれに過剰反応したときこそ絶好の買いのチャンスである」。前ページの表に示したように、C～D社のような持続的な競争力を持つ企業が一時的なEPSの低下に見舞われたときである。

C社のEPSは長期的に安定していたが、二〇〇一年に大きく落ち込んだ。こうしたときはその原因が一時的なものなのか、それとも構造的な原因によるものかを早急に究明する必要がある。一方、D社のEPSも安定していたが、二〇〇一年には突然赤字に転落した。しかし、その原因が一時的で克服可能なものであれば、すぐに以前の安定基調を取り戻すだろう。もっとも、自動車メーカーのように七～八年間にわたりEPSの安定基調が続いたあと、二～四年ほど大幅な赤字が続くようなときは要注意である。バフェットによれば、企業が難しい問題に直面し、株式市場の近視眼がその悲観主義を増幅したときに絶好のチャンスが訪れる。その場合でも投資対象はあくまでも、EPSが力強い上昇トレンドを示している持続的な競争力を持つ企業だけである（EPSに大きなばらつきのある価格競争型の企業は投資の対象とはならない）。赤字を計上した企業が詳細な調査によってその優位性が失われていなければ投資対象に含まれるが、そうでないときはさっさと見限るべきである。

基準四　多くの長期債務を抱えていないか

一般に持続的な競争力を持つ企業の長期債務はかなり少ないが、それは多くのキャッシュを稼ぐので借り入れの必要がないからである。一方、価格競争型の企業は激しい競争に打ち勝つために常に設備投資を迫られるので、絶えず多くの長期債務を抱えている。長期債務は産業全体の不況や個別企業の問題に対処する能力を損なうので、その収益力は大きく低下する。もしもあなたが失業すれば、住宅ローンを返済するのが難しくなるだろうが、それと同じである。バフェットが投資するのは、一時的な悪材料現象を克服できると確信した企業だけである。もっとも、そうした企業でも多くの長期債務を抱えていれば、悪材料現象を乗り越えるのは難しいだろう。

バフェットは、伝統的な負債・株主資本比率（デット・エクイティ・レシオ）は企業の財務力を見るうえであまり役に立たないと考えている。その企業が清算されるときを除いて、株主資本は長期債務を減らす返済能力とはならないからである。銀行が企業に融資するのはその元利返済能力を信じたからであり、株主資本の規模は単なる安心剤にすぎない。銀行があなたに住宅ローンを融資するのもこれとまったく同じであり、あなたの元利返済能力を信じてお金を貸してくれたのである。担保となった住宅はローンの返済が不可能になったときの単なる保証にすぎず、借金を返済するのはあくまでもあなたの所得である。つまり、銀行にとってその住宅とはあなたがデフォルト（債務不履行）になったときに、資金を回収するための安心剤にすぎない。企業の場合もキャッシュを生み出して借金を返済する収益力は、借金の担保となる資産よりもはるかに大切である。バフェットによれば、必要な設備投資額は各企業によって大きく異なるので、バランスシートにかなりの資産評価額が記載されていても、それによってすべての企業の価値を同じように評価することはできない。企業の価値は売却可能な資産ではなく、利益を生み出す能力によって評価すべきである。

一般に持続的な競争力を持つ企業は長期債務を数年で返済できるだけの収益力を持っており、例えばH＆Rブロックは八・七二億ドルの長期債務を持っているが、年間の純利益は二・五一億ドルに上り、三・五年ほどですべての長期債務を返済できる。またウィリアム・リグレーも一年で長期債務を返済できるほどの利益を上げている。ガネットの二〇〇〇年の純利益は一〇億ドル、これに対する長期債務は八億ドルであり、一年もかからないで長期債務を返済できる。二〇〇〇年のジレットの純利益も一二億ドルで、わずか二年で長期債務（二四億ドル）を返済できる。ヤム・ブランズの長期債務も二二億ドル、これに対する純利益は五・二億ドルであり、四年ほどで債務を返済できる収益力がある。

一方、価格競争型の企業の代表であるＧＭの二〇〇〇年現在の長期債務は一三六〇億ドル、これに対する一九九一～二〇〇〇年の純利益総額はわずか三四〇億ドルであり、毎年の利益を債務返済に充てても長期債務はなくならない。フォードも過去一〇年間の利益総額三七五億ドルに対し、二〇〇〇年現在で一六一〇億ドルの長期債務を抱えており、これからも同じように利益を上げ続けたとしてもすべての長期債務を返済するには三八年もかかってしまう。こうした企業が素晴らしい企業と言えるだろうか。こうした企業に投資して不況にでもなったらどうなるのだろうか。

キーポイント

一般に持続的な競争力を持つ企業は、五年以内で長期債務を返済できるほどの利益を上げている。

一般に持続的な競争力を持つ企業には長期債務がほとんどなく、銀行には潤沢な余剰キャッシュがあるので、ほぼどのような問題に直面してもそれを克服できるだろう。一方、利益水準を大きく上回る過大な債務を抱えている企業は、いろいろな困難を乗り越えるだけの財務力もないので、こうした企業には絶対に手を出してはならない。

金融機関は例外

既述したように、銀行や投資銀行などの金融機関は多額の長期債務を抱えているが、それとほぼ同額の融資残もあるので、年間利益の五倍以内の長期債務という一般企業のルールを適用することはできない。こうした金融機関の株式が大きく下落するのは、政府機関や企業、個人向けの融資がデフォルトになったときであるが、株式市場の悲観主義がその株式を売りたいたときこそ絶好の買いのチャンスである。バフェットがウエルズ・ファーゴ株を購入したのは、不動産市況の悪化でその収益が大きく落ち込んだときだった。金融機関が多額の債務を抱えても安定した経営をしていくには、高く安定したROEを維持していることが条件となる。バフェットはまた、支払い不能の危機というニュースで株価が暴落したときにGEICO、アメリカン・エキスプレス、ファニーメイなどの株式を取得したが、トエンティース・センチュリー・インシュアランス、ロングターム・キャピタルなどの株式は、株価が有利な水準まで下がらなかったので購入しなかった。

企業買収のための長期債務

持続的な競争力を持つ優良企業が他社を買収するために長期債務を抱えることもあるが、バフェットによれば、その効果はケース・バイ・ケースによって大きく異なる。それには次の二つのケースがある。そのひとつは、買収される企業も持続的な競争力を持つ企業であるケース。この場合は大きな相乗効果が期待できるが、その反対に価格競争型の企業を買収すれば、親会社の持続的な競争力の足を引っ張るという逆の結果となる。また価格競争型の企業が持続的な競争力を持つ企業を買収するのは効果的であるが、価格競争型の企業同士が結婚したら、その先に待っているのは破産だけである。長期債務を使って他社を買収するときは、次のルールを順守すべきである。

●持続的な競争力を持つ企業同士の結婚は祝福すべきであり、そこから生み出される余剰キャッシュで多額の債務をすぐに返済できるだろう。こうした企業の株式が何らかの悪材料で急落したら、そのときは買いのチャンスである。たとえ多額の債務を抱えていたとしても、持続的な競争力を持つ二社の強い財務力が状況を好転させるだろう。

●持続的な競争力を持つ企業が価格競争型の企業と結婚したら、その結婚生活はあまりパッとしたものとはならない。買収された企業が親会社の収益力の足を引っ張るので、新たに抱えた借金を返済するためのキャッシュはあまり残らないだろう。何らかの悪材料が出てそうした企業の株価が急落してもかなりリスクが大きいので、慎重に調査・分析してから投資の是非を決定すべきである。こうした問題に直面したとき、バフェットは状況がはっきりするまで辛抱強く待っており、あなたにもそうすることをお勧めする。

返済が重すぎる借入金

もうひとつのケース（こちらのほうがはるかに重要である）は、持続的な競争力を持つ企業が他社を買収するときに重すぎる借金を抱えることである。一般に過大な借入金で持続的な競争力を持つ企業を買収しても、あまり良い結果とはならない。こうしたことはよく見られるケースであるが、とりわけ持続的な競争力を持つ企業が過大な借入金で価格競争型の企業をつかんだら、それこそ悲惨な結果となる。株式価値を希薄化させる大規模な株式交換や借入金でそうした企業を買収したら、たちまち資金繰りに行き詰まってしまうだろう。世界最大の玩具メーカーであるマッテルが一九九九年に、株式交換でラーニング社（コンピューターソフト）を買収したときがこのケースであり、これによってマッテル株の価値は三分の一も希薄化してしまった。結果的に持続的な競争力を持つ企業ではなかったラーニングは、強力な収益力を持つマッテルに余剰キャッシュをもたらすことはなかった。したがって株式市場の悪材料現象を利用するときは、その企業が持続的な競争力を持ち、しかも保守的な財務政策をとっているかどうかを十分に見極める必要がある。株式市場の近視眼を利用するときは、こうした企業同士の組み合わせが最も安全だとバフェットは考えている。

基準五　持続的な競争力を持つ製品やサービスを持っているか

ＲＯＥとＲＯＴＣが高く安定し、利益のトレンドが上向き、そして保守的な財務政策をとる企業が見つかったら、次はその製品やサービスが持続的な競争力を持っているのかどうかを確認する必要がある。そのブランド商品や目玉となるサービスは、消費者や企業が絶対に必要としているものなのか。サービスよりも製品のほうが分かりやすいので、こちらから検討してみよう。まず自分自身に次のように問い掛けてみよう。その製品はその店が経営していくために絶対に必要なものなのか。このブランド商品が店頭からなくなれば、その店の売り上げは減少するのか。その企業は持続的な競争力を持つと思われるが、その事業内容が理解できないときは、インターネットでその企業や業界について調査する。また本や雑誌などにその企業の記事が掲載されていることもあり、これらは素晴らしい情報源であり、バフェットもよく利用している（もっとも、彼は投資候補企業のことが書かれてある本などを最初から最後までじっくりと読むようなことはない。全米有数の加工食品会社であるコンアグラへの投資を検討していたときも、この企業自身が作成した資料にざっと目を通しただけだった）。

バリューラインのデータなどを検討して、これまで述べてきた投資条件を満たすような企業をリストアップしたら、今度はその製品リストを作成してそれらが販売されている小売店などに行ってみる。毎日その製品を扱っている店員などに、それがその店の主力商品なのかと聞いてみよう（あまり売れない製品を生産している企業には投資したくないだろう）。何年も店頭に置いてある変わらないブランド商品であったり、両親が長期にわたってそれを利用していれば合格である。寿命の長い商品とは持続的な競争力と同義である。その製品について理解できなかったら、知っている人に聞いてみよう。薬やその製薬会社については薬剤師、自動車については整備工、コンピューターについてはその販売員、食料品については食品店の店員などに尋ねると、その商品の歴史や売れ行き具合などについて教えてくれるはずだ。

探しているのは一回きりの使用ではなく、消費者が常に必要としている商品である。われわれがしょっちゅう買ったり、使用しているリピート商品（そのメーカー）には次のようなものがある。ハンバーガー（マクドナルド、ウィンディーズ、バーガーキング）、ピザ（ピザハット）、フライドチキン（ＫＦＣ）、タコス（タコベル）、雑誌（タイムズ・ミラー）、コーヒー・タバコ（フィリップ・モリス）、キャンディー（ハーシー・フーズ）、チューインガム（ウィリアム・リグレー）、清涼飲料（コカ・コーラ、ペプシコ）、パンティーストッキング（レッグズ）、タンポン（プレーテックス）、練り歯磨き（プロクター・アンド・ギャンブル）、家庭用品（コルゲート・パルモリブ）、薬（メルク）、ジーンズ（リーバイ・ストラウス）、スポーツシューズ（ナイキ）、下着（サラ・リー）、アパレル（リズ・クレイボーン）、自動車保険（ＧＥＩＣＯ、オールステート）。これらは消費者が年に何度も購入するリピート商品であり、持続的な競争力を持つ商品と言える。つまり、そのメーカーが同じ工場で毎年生産・販売している同じ商品こそが持続的な競争力の証しなのである。

人々が毎日使う消耗品を見つけろ

キング・キャンプ・ジレットが一八九五年にクラウン・コーク（容器・キャップの大手メーカー）で働いていたとき、同僚のひとりがコルク栓のような使い捨て商品を開発したらどうかと彼にアドバイスした。ヒゲ剃りをしていたある日のこと、彼は男の人にとって使い捨てのカミソリがあれば便利だろうなと思いついた。それから八年間にわたる研究開発の末、ついに世界で最初の使い捨てカミソリ刃が誕生した。第一次世界大戦のとき、ジレットはアメリカ軍に三五〇万本のカミソリと三六〇〇万枚の使い捨てカミソリ刃を提供した。ヨーロッパの戦地から本国に戻った米兵士にとって、ジレットのカミソリはもはや必需品となった。この三五〇万人の顧客が世界のジレットのベースとなった。

コンビニ、スーパー、ドラッグストア、バー、ガソリンスタンド、書店などで、そのブランド商品が主力商品になっているのかどうかを考えてみよう。それがなければ、その店の店長の経営感覚が疑われる。そうした商品であればリストアップする。次にその店に入ってその商品について実際に調べてみる。すぐにブランド商品と分かるものは、何らかの持続的な競争力を持つ商品である。これに対し、持続的な競争力を持つサービスを提供している企業を見つけるのはそれほど簡単ではない。ここで再び持続的な競争力を持つ商品と価格競争型の商品の特徴を考えてみよう。そのサービスがその企業の存続にとって不可欠のものなのか。そのサービスが消費者向けのものであれば、常に必要とされているものなのか。頻繁に必要とされるサービスであれば、それだけ大きな持続的な競争力を持っている。

例えば、これまでバフェットが投資した広告媒体企業のサービスには、テレビ（キャピタル・シティーズ）、広告（オグルビー＆メイザー）、新聞（ワシントン・ポスト、ガネット、ナイト・リッダー）、金融・銀行業務（ウエルズ・ファーゴ）、施設管理（サービスマスター）などがある。しかし、競争力のあるブランド商品やサービスを持つからといって、それが素晴らしい企業であるとは限らない。経営陣がその商品やサービスの価値を十分に利用していないこともあるからだ。その企業が本当に持続的な競争力を持つ企業かどうかは、質的・数量的分析を行ったうえで判断すべきである。

基準六　労働組合はないか

一般に価格競争型の企業の財務体質が弱いのは、利益分配を要求する強い労働組合が存在するからである。例えば、航空会社のパイロットがストライキに突入すると、莫大な維持・管理コストのかかる航空機は運休を余儀なくされ、多額の収入が失われる。そこで経営側はそうしたリスクを回避するために、泣く泣くパイロットの要求を受け入れることになる。自動車メーカーでも利益が増えてくると、労働組合は賃上げを要求してくる。経営側がその要求を拒否すると労働側はストに訴えるので、せっかくの増益のメリットも吹き飛んでしまう。このように現在の企業では労使双方で利益を分配するシステムになっているため、バフェットは労働組合のある企業には投資していない。強い労働組合のある企業のなかに、持続的な競争力を持つ企業はあるだろうか。利益が増えてくれば、すぐに分け前を要求してくるような労働組合のある企業には要注意である。そうした企業が悪材料現象を乗り越え、二〇年間もその株式を保有するに値することはないだろう。

基準七　インフレの影響を製品やサービスの価格に転嫁できるか

インフレとは物価が上昇することであり、それに伴って人件費や原材料価格が上がれば、価格競争型の企業は過剰生産から製品価格の引き下げに追い込まれる。ときに生産コストが製品価格を上回れば、企業の存続そのものが危うくなる。そうしたときは供給過剰が解消するまで減産しなければならないが、その期間が長期に及ぶこともある。需給の法則が働くとしても一夜にして改善するわけではなく、その間に赤字が累積すれば、企業の活力は大きく損なわれる

（牧畜主は常にこうしたジレンマに悩まされている。家畜の売値は下がるが、餌代、燃料費、人件費、保険料、獣医費用などは上昇し続ける。翌年の家畜相場を読み違えると、牧畜業はすぐに行き詰まってしまう）。

こうした状況は航空産業では頻繁に発生する。航空会社はいろいろな重い固定費を抱えており、機体や燃料費のほか、パイロット、地上員、整備工、スチュワーデスなどとの契約費用は重く、インフレがこれに追い打ちをかける。激しい価格競争や搭乗を尻込みさせるようなテロ事件などが発生すれば、顧客確保のために大幅な値下げを余儀なくされる。ニューヨークからロサンゼルスへの便でも各社がしのぎを削っており、一社が値下げに踏み切るとすべての航空会社が赤字になってしまう。一九六〇年代にはオマハからパリまでの往復料金は一〇〇〇ドル以上もしたが、最近ではユナイテッド航空を使えば四三九ドルで済む。この三〇年間に機体や燃料費、パイロットや地上員・整備工などの人件費は四倍以上になっているのに、過当競争のおかげでチケット料金は逆に安くなっている。割安チケットを売る航空会社はちっとも儲からないのだ。こうした事情を考えると、航空会社がときどき倒産するのもけっして珍しいことではない。このように価格競争型の企業にはインフレで生産コストが上昇しているのに、製品やサービスの価格は低下するという惨めな状況がある。

持続的な競争力を持つ企業とインフレ

一方、持続的な競争力を持つ企業はインフレの進行に伴って製品を値上げしても、その売れ行きが減少することはない。インフレがどれほど進行しても、十分に利益を上げることができる。H&Rブロック、ナイキ、コカ・コーラ、ハーシー・フーズ、マッテル、オールステートなどがインフレを理由に製品を値上げしても、その需要が落ち込むことはない。それどころか、製品を値上げすれば利益が増加し、それによって企業価値が向上してきたのである。例えば、ハーシー・フーズは時計の針のように毎年一〇〇〇万個のチョコレートバーを販売しており、一九八〇年には生産コストが二〇セントのチョコバー一個を四〇セントで販売していた(つまり、チョコバー一個の利益は二〇セント)。したがって、この年のチョコバーの利益は二〇〇万ドル(一〇〇〇万個×〇・二〇ドル=二〇〇万ドル)だった。同年の発行済み株式数が四〇〇万株だったとすれば、EPS(一株当たり利益)は〇・五〇ドルとなる(二〇〇万ドル÷四〇〇万株=〇・五〇ドル)。一九八〇年の同社株がPER(株価収益率)一五倍と評価されたとすれば、株価は七・五〇ドルとなる(一五倍×〇・五〇ドル=七・五〇ドル)。

それから二〇年後の二〇〇〇年には、インフレが進行して物価は二倍になったとしよう。ハーシーのチョコバー一個の生産コストは一九八〇年当時の二倍の四〇セントになったが、その販売価格も同じく二倍の八〇セントになっている。二〇〇〇年も一九八〇年当時と同じ一〇〇〇万個のチョコバーを販売しているとすれば、この年の利益も二〇年前の二倍の四〇〇万ドルになっている。ここからがおもしろい点で、二〇〇〇年のハーシーの発行株数が一九八〇年当時と同じ四〇〇万株であるとすれば、ＥＰＳは一ドル（四〇〇万ドル÷四〇〇万株＝一ドル）になるはずである。二〇年前と同じ数のチョコバーを販売しているのにＥＰＳは二倍に、したがって株価も二倍の一五ドルになっている。同社は二〇年前よりも多くのチョコバーを販売したり、また従業員を増やしたり、工場の規模を拡大したわけでもない。インフレの進行に合わせて製品を値上げしただけである。製品の値上げで利益が増え、それによって株価が上昇したのである。

もしも物価が二倍に上昇したとすれば、貯金の購買力を維持するには投資の価値も二倍に高める必要がある。持続的な競争力を持つ企業に投資すれば、こうしたことも可能になるのである。一方、価格競争型の企業ではインフレが進行すると生産コストは上昇するが、製品価格は下落してその株式も値下がりする。生産コストの上昇に見合った製品値上げができる持続的な競争力を持つ企業とは大違いであり、こうした企業の価値と株価は少なくともインフレにスライドするはずである。このように、持続的な競争力を持つ企業とは基本的にインフレ耐久力のある企業なのである。

基準八　内部留保利益を蓄積しているか

持続的な競争力を持つ企業は、事業を維持するために多くの内部留保利益を使う必要はない。ポイントは「（事業を）維持するために」ということである。強い持続的な競争力を持つ企業ほどそうである。バフェットが考えるベストの企業とは、強い競争力を維持するためのコストがゼロという会社である。そうした企業は稼いだ利益のすべてを配当や事業の拡大に振り向けることができるので、その株主も大きく報われる。つまり、競争力を維持するために多くの資本が必要なのか、それとも優秀な経営陣が留保利益を有効活用して株主の資産を増やしているのかということである。大切なことは、その企業が一定期間にどれだけの内部利益を積み上げる収益力を持っているかである。

持続的な競争力を持つ企業であれば、事業の拡大や新規事業への投資、自社株買いのために内部留保利益を使うだろう。そうした活動はＥＰＳにもプラスの影響を及ぼす。これに対し、価格競争型の企業は同業他社との激しい競争を勝ち抜くために留保利益を使わなければならないので、新規事業や自社株買いに振り向ける資金はほとんど残されていない。以下ではその具体的な企業の例をいくつか示した。

H&Rブロック

持続的な競争力を持つ企業であるH&Rブロックは、一九八九年のEPSが一・一六ドルだった。つまり、同社は一九八九年末までに株主のために、一株当たり一・一六ドルの利益を積み上げた。一九八九～一九九九年の累積EPSは一七・二四ドル、そのうち株主向け配当が九・三四ドルだったので、この期間の内部留保利益は七・八〇ドル（一七・一四－九・三四＝七・八〇ドル）となる。同社のEPSは一九八九年の一・一六ドルから二〇〇〇年には二・五六ドルに増加したが、これはその持続的な競争力と経営陣の優れた経営手腕によるものである。この一〇年間に同社のEPSは一・四〇ドル増えたので（二・五六－一・一六＝一・四〇ドル）、この期間のROE（株主資本利益率）上昇率は一七・九％（一・四〇÷七・八〇＝一七・九％）となる。

ウィリアム・リグレー・ジュニア

同社も同じく持続的な競争力を持つ企業であり、一九九〇年のEPSは一ドルだった。同社も一九九〇年末までに、株主のために一株当たり一ドルの利益を積み上げた。一九九〇～二〇〇〇年の累積EPSは二〇・一二ドル、そのうち株主向け配当が一〇・五七ドルだったので、この期間の内部留保利益は九・五五ドル（二〇・一二－一〇・五七＝九・五五ドル）。同社のEPSは一九九〇年の一ドルから二〇〇〇年には二・九〇ドルに増加したが、これはその持続的な競争力と経営陣の優れた経営手腕によるものである。この一〇年間に同社のEPSは一・九〇ドル増えたので（二・九〇－一＝一・九〇ドル）、この期間のROE上昇率は一九・九％（一・九〇÷九・五五＝一九・九％）となる。

ゼネラルモーターズ（GM）

価格競争型の企業の代表であるGMの一九九〇～二〇〇〇年の累積EPSは四二・九六ドル、そのうち株主向け配当が一〇・三〇ドルだったので、この期間の内部留保利益は三二・六六ドル（四二・九六－一〇・三〇＝三二・六六ドル）。同社のEPSは一九九〇年の六・三三ドルから二〇〇〇年の八・五〇ドルに二・一七ドル増加したので、この一〇年間のROE上昇率は六・六％（二・一七÷三二・六六＝六・六％）となった。これは銀行預金とほぼ同じリターンである。

ベスレヘム・スチール

GMと同じ価格競争型の企業である同社の一九九〇年のEPSは〇・八二ドルだった。一九九〇～二〇〇〇年の累積EPSは四・九三ドル、そのうち株主向け配当が〇・八〇ドルだったので、この期間の内部留保利益は四・一三ドル（四・九三－〇・八〇＝四・一三ドル）。この一〇年間の同社の累積EPS損益は七・四八ドルの赤字となったが、これは借入金や内部留保利益を取り崩して埋め合わせた。その結果、株主に還元されなかったEPS総額は一一・六一ドル（七・四八＋四・一三＝一一・六一ドル）となった。同社のEPSは一九九〇年の〇・八二ドルから二〇〇〇年には〇・二五ドルに減少したが、これは株主資本を増やすどころか、逆に食いつぶした価格競争型の企業の性質によるものである。その結果、この一〇年間に同社のEPSは〇・五七ドル減少したが、これは価格競争型の産業である鉄鋼業がいかに厳しいビジネスであるのかを如実に物語っている。

利益を蓄積できない企業には投資するな

この四社の事業内容がよく理解できなくても、H＆RブロックとリグレーはGMやベスレヘム・スチールよりも内部利益を蓄積できる有利なビジネスを展開していることが分かるだろう。例えば、一九九〇年にGM株に一〇万ドルを投資し、二〇〇〇年の高値でそれを売却したときの純利益は一四万一〇二五ドル、この期間の年複利リターンは九・一％である（ベスレヘム・スチールに投資したとすれば、約四万ドルの損失になった）。これに対し、リグレーに同額・同期間投資したときの純利益は五六万六六六六ドル、年複利リターンは約二〇％となる。（H＆Rブロックに投資したときの純利益は二九万九九六〇ドル、同リターンは一四・八％）。どちらの投資が有利なのかは言うまでもないだろう。

もちろん、先の四社の比較テストは完全なものではないが、それでもEPSの推移を見ればその企業の収益力は読み取れるだろう。このテストのメリットは、その会社が内部留保利益をフルに活用して株主の資産を増やす持続的な競争力を持つ企業なのか、それとも事業を維持するために留保利益を食いつぶす価格競争型の企業であるのかを素早く見分けられることである。これは一〇のチェック項目のひとつにすぎず、ほかの項目と併用して最終的に判断すべきである。一般に持続的な競争力を持つ企業は価格競争型の企業に比べて留保利益を有効活用するのが上手であり、長期的にその株主の資産を大きく増やしている。価格競争型の企業も内部利益を持つことはできるが、事業維持コストがかなり高いので将来の利益を増やすことができず、株価も大きく値上がりすることはない。

基準九　自社株買いを実施しているか

持続的な競争力を持つ企業のひとつの特徴は、長期にわたって自社株買いを実施していることである。数年間にわたり自社株を買うには多額のフリーキャッシュが必要である。持続的な競争力を持つ企業であれば、それを実施できるだけの収益力もあり、例えばH&Rブロックは一九九〇～二〇〇〇年に約九〇〇万株もの自社株を買った。これに対し、価格競争型の企業はそれだけの資金力がなく、むしろ新株を発行して新たに資金を調達するケースがほとんどである。ベスレヘム・スチールの発行済み株式数は一九九〇年の七五〇〇万株から二〇〇〇年には一億三二〇〇万株に増加し、ＧＭ株もこの間に三〇〇〇万株も増えている。

自社株買いが意味するもの

内部留保利益によって自社株を買うというのは、その企業が自社の資産を買ってその株式を売却しなかった株主のＥＰＳを増やすことを意味する。例えば、三人の仲間でパートナーシップの会社を設立したとき、それぞれの持ち分は三分の一であり、利益の取り分も三分の一である。ところが辞めたいというひとりのパートナーの持ち分をパートナーシップの資金を使って買ったとすれば、残り二人のパートナーの持ち分と利益の取り分は二分の一となる。それまではパイを三等分していたが、これからは同じパイを折半するので利益の取り分は大きく増える。企業の場合もこれと同じで、自社株買いを実施すればＥＰＳが増加し、株価も上昇する。

例えば、Ｈ＆Ｒブロックの発行株数は一九九〇年の一億〇六〇〇万株から二〇〇〇年には九七〇〇万株に減少したが、これは同社が積極的に自社株を買ったからである。その結果、三億七〇〇〇万ドルの純利益を上げた二〇〇〇年のＥＰＳは三・八一ドル（三億七〇〇〇万ドル÷九七〇〇万株＝三・八一ドル）となり、ＰＥＲ一五倍で評価すればその株価は五七・一五ドル（三・八一ドル×一五倍＝五七・一五ドル）となる。同社が自社株買いを実施しなかったとすれば、そのＥＰＳは三・四九ドル（三億七〇〇〇万ドル÷一億〇六〇〇万株＝三・四九ドル）であり、株価も五二・三五ドルにとどまる（三・四九ドル×一五倍＝五二・三五ドル）。自社株買いによってEPSが〇・三二ドル増えたことにより、株価評価額も五二・三五ドルから五七・一五ドルに上昇したのである。同社株を保有していた株主は発行株数が減少したことで、一銭も支払わずに資産を増やすことができた。こうしたことが可能となるのは、その企業が潤沢な余剰キャッシュを持つ持続的な競争力を持つ企業であるからだ。

自社株買いを利用して資産を増大

バフェットは投資した持続的な競争力を持つ企業の取締役会に対し、自社株買いを強く促してきた。それによって発行株数が減少すれば、一銭も出さずに持ち株比率を増やすことができるからである。例えば、投資した企業の発行株数が一億株、そのうちの一〇〇〇万株を購入したとすれば、バフェットの持ち株比率は一〇％となる。翌年にその会社が四〇〇〇万株を買ったとすれば、彼の持ち分はそれまでの一〇％から一六・七％に上昇する（一〇〇〇万株÷六〇〇〇万株＝一六・七％）。もしもこの会社が自社株買いの代わりに配当で利益を還元したとすれば、バフェットは所得税を支払うことで自社株買いをしたときよりも三〇％も資産を減らすことになる。その企業の自社株買いによって、彼は税金を回避したばかりでなく、持ち株比率も増やすことができたのである。

これを具体的に見ると、バークシャー・ハサウェイはワシントン・ポスト株の約一〇％を一株当たり一〇・二ドルで取得したが、現在の持ち株比率は一七・二％に上昇している。これはバフェットが大株主になった直後からその取締役会に自社株買いを強く促し、同社がそれを実行してきたからである（現在の同社株の時価総額は五〇億二〇〇〇万ドル）。もしも同社が自社株買いを実施しなかったとすれば、バフェットの持ち株比率は依然として一〇％（五億二〇〇〇万ドル）にとどまっていたが、自社株買いのおかげで彼の持ち分は一七・二％の八億六三四〇万ドルと三億六一四〇万ドルも増加した（五〇億二〇〇〇万ドル×〇・一七二＝八億六三四〇万ドル）。

バフェットは一九八〇年に初めて投資したＧＥＩＣＯでもこれと同じことをしている。バークシャー・ハサウェイは発行済み株式数の三三％を四五七〇万ドルで取得したが、やはり自社株買いを強く勧められた同社経営陣が積極的に自社株を買った結果、一九九五年までにバークシャーの持ち株比率は約五〇％に上昇した（同年時点の株式時価総額は約四七億ドル）。同社が自社株買いを実施しなければ、バークシャーの持ち株比率は三三％の一五億五〇〇〇万ドルにとどまっていたが、持ち分が五〇％になったことでその株式保有額は二三億五〇〇〇万ドルに増えている。ＧＥＩＣＯの自社株買いがバークシャーの資産を八億ドルも増やしてくれたのである（一九九六年にバークシャーは残り五〇％のＧＥＩＣＯ株を取得し、完全子会社とした）。ここでもバフェットは一銭も出さないで持続的な競争力を持つ企業の持ち株比率を大きく増やしている。このように、持続的な競争力を持つ企業は潤沢な余剰キャッシュを保有しているので、自社株買いを実行できるが、お金に困っている価格競争型の企業はそれもできない。ここでもう一度繰り返すが、自社株買いの大きなメリットは一銭も出さずにその企業の持ち株比率を増やせることである。

基準一〇　内部留保利益が企業価値を向上させているか

バフェットは、持続的な競争力を持つ企業の株式を適正価格で購入すれば、増え続ける内部留保利益がその企業の価値を向上させ、それによって株価も上昇すると信じている。最も重視すべきことは資本を適正に配分し、純資産を増やしていくその企業の経営能力である。その好例はバークシャー・ハサウェイで、一九八三年のBPS（一株当たり純資産）は九七五ドル、株価は約一〇〇〇ドルだった。それから一八年後の二〇〇一年にはBPSは四〇〇二％増の約四万ドル、株価は六八七四％増の六万八〇〇〇ドルになっている。これは内部留保利益を使って、ほかの持続的な競争力を持つ企業の一部またはすべての株式を買収することによって純資産が増加した結果である。バークシャーの純資産が増加するに従って、株式市場はその株式の評価額を引き上げていったのである。

価格競争型の企業であれば、こうはならない。たとえ数年にわたって利益を内部留保しても、企業の実質価値が向上することはないからである。例えば、GMの一九八三年のBPSは三二・四四ドル、株価は約三四ドルだったが、二〇〇一年にはそれぞれ約三六ドル、五五ドルとなった。この一八年間の純資産の伸びはわずか一〇％、株価は五二％の上昇率だった。このようにBPSと株価の推移は最低でも一〇年は見るべきだ。持続的な競争力を持つ企業であれば、そのどちらも大きく伸びているだろう。われわれの最終目標は、株式市場が悪材料に過剰反応してその株価を売りたたいたときにそうした企業の株式を購入することにある。一〇年間も株価がほとんど動かない企業ではなく、最近に大きく値下がりしている持続的な競争力を持つ企業を見つけることである。

この章のポイント

以上、持続的な競争力を持つ企業であることを立証する一〇のチェック項目について検討してきたが、バフェットはこうした企業にしか投資しなかった。株式市場の近視眼による株価の暴落局面を乗り越えるには、企業価値が長期的に向上していることが絶対条件となるからだ。以下ではこれまでのチェック項目をもう一度まとめてみよう。

一．ＲＯＥ（株主資本利益率）は高く安定しているか（一二％以上）　これは持続的な競争力を持つ企業の最初の基準であり、また近視眼の株式市場が過剰反応した株価の暴落局面を素早く乗り越えるための必要条件でもある。「高く安定しているＲＯＥ」というのがポイントである。

二．ROTC（総資本利益率）も高く安定しているか　銀行などの金融機関については、ROEは一般企業と同じ一二％以上であるが、ROTCは一％以上という特別の基準を適用する。

三．利益のトレンドは上向きか　持続的な競争力を持つ企業のEPSは、力強い上昇トレンドになっている。

四．多くの長期債務を抱えていないか　持続的な競争力を持つ企業の長期債務は、年間純利益の五倍以下である。

五．持続的な競争力を持つ製品やサービスを持っているか　これは持続的な競争力を持つ企業の絶対条件ではないが、必要条件である。質的・数量的分析を併用して、真の持続的な競争力を持つ企業かどうかを判断しよう。

六．労働組合はないか　強い労働組合のある企業は、持続的な競争力を持つ企業にはなり得ない。

七．インフレの影響を製品やサービスの価格に転嫁できるか　持続的な競争力を持つ企業はインフレの影響を製品価格に転嫁できるので、その企業価値と株価は少なくともインフレ率と同じくらいは上昇する。

八．内部留保利益を蓄積しているか　持続的な競争力を持つ企業は留保利益を活用して企業価値を高めているので、株価も上昇し、株主の資産も増えていく。

九．自社株買いを実施しているか　持続的な競争力を持つ企業は、潤沢な余剰キャッシュを活用して自社株を買っている。それによって、株主は一銭も出さないで持ち株比率を増やすことができる。

一〇．内部留保利益が企業価値を向上させているか　持続的な競争力を持つ企業の純資産と株価は、一〇年間に一貫して向上している。これに対し、価格競争型の企業の純資産は激しい競争でときに減少することもあり、株価も一〇年にわたってほとんど変わらないこともある。

バフェットは以上のチェック項目に照らして持続的な競争力を持つことが分かれば、ビジネスセンスにかなった企業について投資を検討する。ベストの買いのチャンスは、近視眼の株式市場が何らかの悪材料現象に過剰反応したときである。株式を購入したあと、増え続ける内部留保利益が企業価値を向上させるまで保有する。それを評価した株式市場は株価を引き上げてくれるだろう。「これが株式投資で資産を作るバフェットのやり方である。ポイントは持続的な競争力を持つ企業を見つけ、株式市場がその株価を大きく押し下げたときに株式を購入するということである」

第14章 非公開企業への投資

バフェットはかなり早い時期に、非公開企業のなかには地域独占力があったり、またはブランド商品を持つことによって持続的な競争力を確立した企業があることを発見した。さらにラッキーなことは、こうした企業は上場企業よりかなり割安な値段で買収できることである。そうした企業の株式をわずかPER（株価収益率）四～六倍の値段で取得できれば、その（税引き前）投資リターンは一六～二五％にも達する（われわれ一般投資家はバフェットのように、そうした非公開企業を丸ごと買うことはできない。ここでは上場企業の一部株式を購入するときと同じ論理で説明している）。そうした企業はきちんとした経営基盤を持ち、長期にわたって成功してきた企業である。もっとも、ブランド商品はこれからも大きく成長する可能性はあるが、地域独占力だけしか持たない企業は将来の成長力にも限界がある。そうした企業は多くの大手企業にとってそれほど魅力はないが、バークシャー・ハサウェイにとってはキャッシュを生み出す金の卵という意味で十分に投資する価値がある。例えば、インフレ率を大きく上回る一六～二五％もの高い利回りが得られる優良社債（ＡＡＡ格債）などあるだろうか。

バークシャーが買収する非公開企業の多くは、オーナー一族がすべての株式を保有する同族会社であり、労働者の扱いとその企業文化はかなりユニークである。それらオーナー経営者の多くはバークシャーに買収されたあともその会社で働き続け、また自分たちが築いてきた企業文化を壊してほしくないと思っている。したがって、バークシャーはこうした企業を買収するときには、オーナー一族に買収資金を支払うが、彼ら（彼女ら）には引き続き経営に当たってもらい、またその独特の企業文化にも手を付けないことを約束している。バークシャーにとっては少し変わった企業買収形態であり、以下ではその代表例を示してみよう。

ネブラスカ・ファニチャー・マート

バークシャーは一九八三年に、四〇年以上にわたってオマハ全域を独占的に支配してきた家具小売会社のネブラスカ・ファニチャー・マート（ＮＦＭ）を買収した。八九歳のそのオーナー経営者はロシア移民の女家長であり、誠実に安く売ることをモットーとし、「ミセスＢ」という愛称で呼ばれていた。彼女と会ったバフェットは、「今日はあなたの誕生日なので、あなたの会社を買いたい」と申し出た。これに対し、ミセスＢは強いロシア語なまりの英語で、「六〇〇〇万ドルではどうですか。これよりはびた一文もまけられません」と言い切った。バフェットは「買い得ですね」と言って店を出ていき、一時間後に六〇〇〇万ドルの小切手を持って戻ってきた。その小切手を受け取る前に、彼女は「会計士に会社の帳簿を調べてもらいましょうか」と尋ねたところ、バフェットは「その必要はありません。ますますあなたを信用できるようになりましたので」と答えたという。

バークシャーが六〇〇〇万ドルで買収したNFMの税引き前利益は一四五〇万ドルだったので、その初期投資リターン（税引き前ベース）は二四％となる（一四五〇万ドル÷六〇〇〇万ドル＝二四％）。バークシャーはNFMの株式八〇％を取得し、残り二〇％をオーナー一族に残した。引き続き経営に当たったミセスBとその三人の息子たちは、週に七日間休みなく働いている。一九九三年の税引き前利益は二一〇〇万ドルに達したので、バークシャーの投資利回りは三五％となった。NFMの税引き前利益は年三・七％のペースで伸びており、これはインフレ率やオマハ人口の伸び率とほぼ同じである（なお、バークシャーがNFMを買収したときの債券平均利回りは三・七％だった）。

NFMの持続的な競争力は、オマハ地域でカーペット、家具、家電製品などを安い値段で販売していることである。約一四万平方メートルの店舗と三〇万平方メートルの倉庫を持つ同社は、豊富な品ぞろえと廉価という点で断トツの存在である。その強みは広大な自社所有の店舗と倉庫をバックに、メーカーから大量の製品を低価格で仕入れ、それを安い値段で消費者に提供できることである。顧客の多くはNFMが厳選された商品を最も安い値段で販売していることを知っているので、他店に行くことはない。その利益率は薄いが、在庫回転率がかなり高いので、薄利多売でも高い利益が確保できる。

ＮＦＭと張り合おうとする同業社が、同社と同じ面積の店舗と倉庫を確保するには膨大な資金が必要となる。それだけの資金を投じれば、利益はほとんど出ないだろう。バフェットは多くの大都市圏では、ＮＦＭのような一部の家具小売会社がその地域を独占していることを発見したので、そうした企業はできるだけ買収するようにしている。ＮＦＭ以外に、ＲＣウィリー・ファニチャー（ソルトレークシティー）、スター・ファニチャー（ヒューストン）、ジョーダンズ（ニューハンプシャー州とマサチューセッツ州）なども買収した。

シーズ・キャンディー

バークシャーは一九七二年に、カリフォルニア州をベースとするキャンディーのブランド商品を製造・販売するシーズ・キャンディーを買収した。同社の持続的な競争力は、一九二〇年代から特製箱入りチョコレートを販売し、多くのファンを持っていることである。バークシャーの買収金額は二五〇〇万ドル、税引き前利益は四二〇万ドルだったので初期投資リターンは一六・八％（四二〇万ドル÷二五〇〇万ドル＝一六・八％）。同利益は一九九九年には七四〇〇万ドルに達したので、投資利回りは二九六％に上昇している。インフレや出店増などによって税引き前利益の年伸び率は一一・二％に達しており、バフェットにとって本当においしい投資となった。

フェッチハイマー・ブラザーズ

バークシャーは一九八六年に、制服を製造・販売するフェッチハイマー・ブラザーズの株式八六％を取得した。買収金額は五五〇〇万ドル、税引き前利益は一三三〇万ドルで初期投資リターンは二四％（一三三〇万ドル÷五五〇〇万ドル＝二四％）。同利益は一九九六年には一七〇〇万ドルに達したので、投資利回りは三一％となった。税引き前利益の年伸び率は二・四％で、これはインフレ率とほぼ同じ水準である。同社の買収はシーズ・キャンディーほどはおいしくなかった。

スコット・フェッツァー

バークシャーは一九八五年に、カービー真空掃除機やワールド・ブック・エンサイクロペディアなどのブランド商品を扱う一六の事業部を持つスコット・フェッツァーを買収した。買収金額は三億二〇〇〇万ドル、税引き前利益は六七四〇万ドルで初期投資リターンは二一％（六七四〇万ドル÷三億二〇〇〇万ドル＝二一％）。同利益は一九九五年には九二〇〇万ドルに達したので、投資利回りは二九％となった。税引き前利益の年伸び率は三・二％で、これはインフレ率とほぼ同じ水準である。

買収して非公開とした上場企業

バークシャーは上場企業を買収してもかなり魅力的なリターンが得られることを発見した。そうした企業はブランド商品、販売網、製品やサービスの廉価提供、地域独占力など、何らかの持続的な競争力によって長期にわたり成功してきた会社である。バークシャーが買収した代表的な企業は次のようなものである。

ジョンズ・マンビル

バークシャーは二〇〇〇年に、建築用絶縁体・商工業用屋根システム・ろ過材・不織マットの全米一のメーカーであるジョンズ・マンビルを買収した。買収金額は一八億ドル、税引き前利益は三億四三七五万ドルで初期投資リターンは一九％（三億四三七五万ドル÷一八億ドル＝一九％）。一九九〇～二〇〇〇年の同社のＥＰＳ（一株当たり利益）平均成長率は九・五％で、これはインフレ率をかなり上回っている。

ベンジャミン・ムーア

バークシャーは同じく二〇〇〇年に、一八八三年創業の高級塗料・染料・工業用コーティングの大手メーカーであるベンジャミン・ムーアを買収した。買収金額は一〇億ドル、税引き前利益は一億三七七〇万ドルで初期投資リターンは一三・八％（一億三七七〇万ドル÷一〇億ドル＝一三・八％）。一九九〇～二〇〇〇年の同社のＥＰＳ平均成長率は九・七％で、これはインフレ率をかなり上回っている。

税制上のメリット

上場企業を買収して非公開とすることには大きな税制上のメリットがある。バークシャーは企業を丸ごと買うことで、こうした税制上のメリットをフルに活用している。シーズ・キャンディーについて説明しよう。同社が上場企業であり、そのすべての株式を取得する代わりに、発行株数の一〇％だけを購入したとしよう。同社が上げた一ドルの利益に対して三四％の法人税が課されるので、税引き後利益は〇・六六ドルとなる。この純利益を配当としてバークシャーに支払えば、それに対してさらに一四％の配当税が課される。一方、〇・六六ドルを内部留保するとそれだけ企業価値は向上し、それに伴って株価も上昇する。将来のある時点でバークシャーがその内部留保利益を確定しようとすれば、保有するシーズ株を売却しなければならず、そうするとその取得額と売却額の差額に対して三五％のキャピタルゲイン税が課される。例えば、バークシャーがシーズ株を一株当たり一〇ドルで取得し、二五ドルで売却したとすれば、一五ドルのキャピタルゲインに対して課税される。

一方、バークシャーがシーズ株を一〇％取得する代わりに同社を完全買収したとすれば、まず一四％の配当税が免除される。バークシャーがシーズ株を一定期間保有したあとに売却したとすれば、その間の留保利益はシーズ株の取得額に上乗せされる。シーズ株の取得額が一株当たり一〇ドル、留保利益が同八ドルであれば、その合計額の一八ドルがキャピタルゲイン税の控除額となる。シーズ株を二五ドルで売却したとすれば、同税金の課税対象額は七ドルに減額できる（二五－一八＝七ドル）。これは一株についての計算で、バークシャーが保有するすべてのシーズ株を売却したときの節税額は何と二五〇〇万ドルにも達する。これはバークシャーがシーズ・キャンディーを買収したときの金額とほぼ同じであり、税制上のメリットをうまく利用するには、一部の株式を取得するよりはその企業を丸ごと買収したほうがよい。

この章のポイント

●持続的な競争力を持つ非公開企業を買収することで、バークシャーは一六～二五％という高い初期投資リターン（税引き前利益ベース）を得ており、これはインフレ率を補って余りある魅力的な利回りである。

●上場企業の一部の株式を取得するより、その企業を丸ごと買収して非公開とすれば、税制上のメリットをフルに活用できる。企業価値が長期的に向上するそうした企業を割安な値段で買収すれば、それはまさにキャッシュを産み続ける金のなる木となる。

第15章　保有株を天井圏で売却するバフェットの手法

保有株をいつ売却するのかは、持続的な競争力を持つ企業と価格競争型の企業の違い、その企業の構造的変化、基本的な経済価値と比較した株価水準などによって決まる。バフェットはこれまで何百社の株式を購入・保有してきたが、「大きな利益を手にしたのは、持続的な競争力を持つ企業の株式を長期（ときに三〇年以上）にわたって保有したときである」。しかし、そうしたバフェットといえども、株価が高すぎる水準に達したり、大きな利益のチャンスが訪れたり、またはその企業に構造的変化が起こったときは迷わずに保有株を売却した。以下ではそうした局面について検討しよう。

バフェット流の株式売却法

バフェットによれば、ラッキーにもビジネスセンスにかなった値段で持続的な競争力を持つ企業の株式を購入できたら、長期にわたってそれを保有すべきである。しかし、それでもその株価があまりにも高くなりすぎたときは売却したほうがよい。バフェットにとってそうした局面は次の二つのケースである。そのひとつは一九六〇年代の上昇相場がピークに達した一九六九年、一九七一～一九七二年のバブル期とそれが弾けた一九七三～一九七四年などである。彼が保有株を売却した一九七〇年初めのバブル期には平均株価のPER（株価収益率）が五〇倍以上に達し、それ以降にひとケタのPER水準まで暴落した。バフェットはマーケットから退出するとき、運営していたパートナーシップの出資者に対し、バリュー投資家として買える株式はもうなくなったと通告した（バリュー投資家がマーケットから退場するとき、株式相場はバブルに突入する）。

バフェットにとってもうひとつの売り時は、バークシャーの保有株が軒並みPER五〇倍以上という記録的な高値まで上昇した一九九八年のような時期で、このときは金のなる木であった損害再保険大手のゼネラル・リインシュアランス株もすべて売却した。彼によれば、株式が一〇～二五倍という平均的なPERから四〇倍以上にまで買われたら、それはすでに大衆の投機局面に突入したので直ちに保有株を売却すべきである。どのような企業の基本的な経済価値でも、そうした異常なPERを正当化することはできないという。

例えば、コカ・コーラの一九九八年のEPS（一株当たり利益）は一・四二ドルで、過去一〇年間のEPS平均成長率は一二％とかなり健全な水準であった。このコーク株を同年に購入し、二〇〇八年まで一〇年間保有したとすれば、それによって得られるＥＰＳの総額は二四・八八ドルとなる（話を単純にするため、ここでは税金を考えない）。このコーク株を一九九八年に購入するとすれば、いくらの値段を支払えるだろうか。もしも一株当たり八八ドルで購入したとすれば、ＥＰＳ（一・四二ドル）の六二倍で買ったことになる。それが有利な買い物であるかどうかは、債券利回りと比較するとよく分かる。この八八ドルで利率六％の社債を購入すれば、その利息収入は年五・二八ドルである（八八×〇・〇六＝五・二八ドル）。この社債を一〇年間保有すれば、五二・八〇ドルの利息が得られる。これをコーク株の一〇年間のＥＰＳ総額（二四・八八ドル）と比較すれば、どちらが有利なのかは一目瞭然であろう。ＥＰＳの六二倍でコーク株を購入するよりは、利率六％の社債を買ったほうが断然有利である。

それならば、今度は二八・四〇ドル（ＰＥＲ＝二〇倍）でコーク株を買ったらどうだろうか。これはかなり有利な買い物である。この金額で利率六％の債券を購入して一〇年間保有しても、その利息収入は一七ドルにすぎず（二八・四〇×〇・〇六×一〇＝一七ドル）、コーク株を一〇年間保有したときのＥＰＳ総額の二四・八八ドルをかなり下回る。このように、「株式を安い値段で買うほど、それだけ有利なリターンを手にすることができる」。六二倍のＰＥＲで購入したコーク株を投資価値のあるものにするには、ＥＰＳ年成長率が三〇～四〇％、または金利が二～三％に低下しなければならない。いくらバフェットといえども、これほど高い利益成長率を達成できる持続的な競争力を持つ企業は見つけられないだろう（マイクロソフトならば可能かもしれないが、同社はバフェット好みの企業ではない)。

一九九八年のコーク株はPER六二倍の八八ドルまで買われたが、このときに保有していた同社株を売却してその金額を利率六%の社債に投資すれば、一〇年間に五二・八〇ドルの利息収入が得られる。これはコーク株を一〇年間保有したときのEPS総額二四・八八ドルをかなり上回っている。バフェットは二三%の年平均リターンを得ていたことで有名であるが、この年に八八ドルでコーク株を売却し、それを年率二三%のリターンが得られるように投資したとすれば、一年間の利益は二〇・二四ドル、一〇年間では二〇二・四〇ドルに達する。八八ドルのコーク株を一〇年間保有したときと、それを売却して二三%の利回りを得られるように投資したときのリターンの格差はこれほどまでに拡大する。

バフェットは一九九八年に保有していたコーク株の一部を売却したが、その価格は時価のPER(六二倍)ではなく、何とその三倍の一六七倍であった。これほど高価なコーク株をだれが購入したのかといえば、それはゼネラル・リインシュアランスの株主であった。そのからくりとは次のようなものだった(こうした取引手法はバフェットにしかできず、一般投資家には無縁の世界である。ここでは教育の目的として紹介する)。株価がぐんぐん上昇していた一九九〇年代後半には、バークシャー・ハサウェイにとって二つのメリットが生じた。そのひとつは保有株の評価額が急上昇したことで、コーク株のPER六二倍をはじめ、ワシントン・ポスト二四倍、アメリカン・エキスプレス(アメックス)二〇倍、ジレット四〇倍、フレディマック二一倍と保有株は軒並み高値を付けた。もうひとつのメリットは、これによってバークシャーの株価も高騰したことである。すなわち、バークシャーの帳簿上のBPS（一株当たり株主資本）は当初の二万九七四三ドルから、一九九八年にはその二・七倍の八万〇九〇〇ドルまで跳ね上がった。もしもこの価格でバークシャー株を購入したとすれば、実質的にはPER一六七倍のコーク株、五四倍のアメックス株、一〇八倍のジレット株、五七倍のフレディマック株を買ったことになる。問題はPER一六七倍のコーク株の売却益を手にするにはバークシャー株を売らなければならず、市場でバークシャー株を売却しようとすれば株価が暴落する恐れがあることだった。

そこで考えられたのが、バークシャー株と交換できる債券を保有する保険会社を探すことだった。債券は時価に近い値段でいつでも換金できる金融資産であるからだ。バフェットは一九〇億ドル相当の債券を保有するゼネラル・リインシュアランスのCEO（最高経営責任者）に電話を入れ、同社の過半数の株式＋保有する債券・株式を時価二二〇億ドル相当のバークシャー株＋その保有株式とスワップすることを提案した（もちろん、彼はバークシャーとその保有株がともにかなり過大評価されていることには一言も触れなかった）。同社の経営陣はこのスワップ取引の額面上の価値にしか目を向けなかったので、時価で一株当たり二二〇ドルの同社株を同二八三ドルのバークシャー株と交換するのは有利であると判断した。その結果、アメックス九〇〇万株、コカ・コーラ三五〇〇万株、フレディマック一〇〇〇万株、ジレット一七〇

○万株、ワシントン・ポスト三〇万九〇〇〇株と一七・九％のバークシャー株がゼネラル・リインシュアランスに引き渡された。同社に売却された二二〇億ドル相当のバークシャー株のうち、一七八億ドル相当額はこのときの株高を反映した水増し評価分であった（バークシャーの株主資本は実際原価の一三億ドルから、六六億ドルの史上最高額に膨れ上がっていた）。それと見返りに、バークシャーは八二・一％のゼネラル株＋一九〇億ドルの保有債券＋五〇億ドルの保有株式を受け取った。何ともおいしい取引であった。

このスワップ取引のもうひとつの大きなメリットは、税金がまったくかからないことだった。すなわち、バークシャーは取得原価一三億ドル相当の保有株式を一七八億ドルでゼネラル・リインシュアランスに売却したが、一銭のキャピタルゲイン税も支払わないで済んだ。この取引によって取得した債券の売却益によって、バークシャーは新たにH＆Rブロック、ジャスティン・インダストリーズ、ヤム・ブランズ、ミューラー・インダストリーズ、ファニチャー・ブランズ・インターナショナル、ジョンズ・マンビル、ショー・インダストリーズ、リズ・クレイボーン、ナイキ、ダン・アンド・ブラッドストリート、ＵＳＧ、ファースト・データなどの株式を購入した。

キーポイント

その企業の株式と債券を一〇年間保有したときの予想利回りを比較すること。債券投資が有

利であれば株式を売却し、株式投資のほうが有利であれば株式をホールドする（その逆も同じ）。

ある企業の株式投資を考えているときは、その株式と債券投資の利回りを比較し、債券利回りのほうが有利であれば、株式購入は見送る。株式投資に当たっては、まず第一にその企業の基本的な経済価値に目を向ける。バフェットによれば、株価は必ずその企業の経済価値に見合ったところに落ち着くからである。ときに近視眼の株式市場はその企業の基本的な経済価値や債券利回りに比べて、かなり株式を過大評価することもあるので、そうしたときは迷うことなく保有株を売却する。その反対にマーケットの悲観主義が株式を過小評価することもあるが、そうしたときは絶好の買いのチャンスである。このように株式投資の原則はいたって単純であり、株式の売買はビジネスセンスに照らして行うべきである。こうしたやり方がバフェットの「ビジネスの視点に立った投資」と呼ばれるものである。

保有株の売却は慎重に

その企業の基本的な事業がもはや利益を生まなくなったときは、その保有株を売却してもよいが、そのときでも雑草（ボロ株）を買うために花（優良株）を売るような愚を犯してはならない。持続的な競争力と利益を最大限に活用できる優秀な経営陣を持つ企業に投資したときは、異常な株高局面を除いては売却しないほうがよい。そうした企業の短期的な株価の変動は気にする必要はない。バフェットとビル・ゲイツは同じ株式を二〇年以上も保有することで、大きな財産を築いたことを忘れないように。

ビジネス環境が変化したとき

持続的な競争力を持つ企業の株式を保有していても、基本的なビジネスやビジネス環境が変化して価格競争型の企業に成り下がったり、最悪の場合にはそのビジネスが完全に時代遅れになることもあるので十分な注意が必要である。とりわけ、小売業界などではこうしたケースは珍しくない。売り上げを大きく左右するそうした変化は、四半期の損益計算書に表れるので見逃すことのないように。バフェットによれば、特に金融機関は危機的な状況になるまで問題の発覚をひた隠しにするので、金融機関に投資するときは安全を第一とする。彼がフレディマックの株式を売却したのはこうした理由からだった。バフェットが最初に同社に投資したときは、住宅ローンを証券化して年金基金などの機関投資家に販売するというこのビジネスは比較的安全だったが、商業用モーゲージの分野にまで手を広げたため、同社はバフェットのリスク許容度を超えてしまった。

目標株価に達したとき

特にアービトラージなどでは目標株価を設定することが多いが、バフェットは株式会社からパートナーシップへの企業形態の変更を利用して利ザヤを稼ぐこともあった。その好例のひとつがテネコ・オフショアのケースである。同社は一九八一年に、節税を目的に株式会社からパートナーシップへの企業形態の変更を計画していた。同社は一・二一ドルの利益につき〇・四一ドルの法人税を支払い、残りの〇・八〇ドルを配当金として株主に支払っていた（この配当金についても所得税がかかる）。同社がその企業形態をこれまでの株式会社からパートナーシップに変更すれば、この法人税が非課税となり、一・二一ドルすべてを配当に回すことができる（それでも配当金の所得税は支払わなければならない）。

テネコは所有する大規模なガス田から上がるすべての純利益（〇・八〇ドル）を配当に回しているので、（史上最高水準にあった）このときの債券利回り（一四％）で計算した適正株価は五・七一ドルとなる（〇・八〇ドル÷一四％＝五・七一ドル）。同社の企業形態がパートナーシップとなれば、法人税がかからず一・二一ドルすべてを配当に回せるので、その適正株価は八・六四ドルになる（一・二一ドル÷一四％＝八・六四ドル）。テネコのこの企業形態変更の影響に気づかなかった近視眼の株式市場は、相変わらず五・七一ドルの株価を付けていたので、バフェットは同社株を大量に購入した。パートナーシップへの企業形態変更後にテネコ株は八ドルまで上昇したので、バフェットは保有していた同社株をすべて売却した。

この章のポイント

●バフェットは持続的な競争力を持つ企業の株式を長期保有することで大きな資産を築いた。
●株式相場の天井圏では持続的な競争力を持つ企業の株式もビジネスセンスに照らして異常な水準まで買われるので、そうしたときはその保有株を売却したほうがよい。
●このほか、①基本的なビジネスやビジネス環境が変化した、②ビジネスモデルが変化した、③目標株価に達した――ときなども保有株を売却すべきだ。

第16章 バフェットが投資した企業

以下はバフェットが投資した企業のリストであるが、最初は一九九八～二〇〇一年に（彼が個人的に、またはバフェット基金やバークシャー・ハサウェイを通じて）株式を取得した企業、後半は過去三〇年間に投資した企業である（少し古いが、それでも投資教育上の価値はあるだろう）。ただし、彼がその選別的な逆張り投資法に基づいて以前にそれらの株式を購入したとはいっても、今も投資するかどうかは分からない。その当時と株価水準が異なるからである。したがって皆さんも、持続的な競争力を持つ企業＋割安な株価という二つの条件がそろったときにのみ投資を決断してください。そうした株価は明日訪れるかもしれず、または五年後になるかもしれない。ミスター・マーケットは楽観主義からこれらの企業の株価をとんでもない水準に押し上げたり、ときに過度の悲観主義から予想外の安値まで売りたたくことがある。その悲観主義の時期を辛抱強く待っていただきたい。

以下のリストにはその企業のＵＲＬと電話番号も掲載したが、詳しい情報はＥＤＧＡＲ

（ＳＥＣの有価証券報告書データベース、http://www.sec.gov/edgar.html）、バリューライン（http://www.valueline.com/）、http://msn.com.financial などのサイトで検索してください。
選別的な逆張り投資の絶好のチャンスはそうたびたびやって来るものではないが、いつかは必ず訪れるので、そのときに備えて万全の準備を怠らないように。

バフェットが最近投資した企業

イージス・リアルティー（チッカーシンボル＝ＡＥＲ、業種＝ＲＥＩＴ、電話番号＝二一二－五九三－五七九七）

約三〇〇万平方メートルのショッピングセンターを所有・運営するＲＥＩＴ（不動産投資信託）で、バフェットは二〇〇〇年に一株当たり八～九ドルで取得した。一株当たり配当金は〇・九六ドル、純資産は一四・八一ドル。バリュー投資に基づいて純資産以下で購入し、初期投資リターンは一〇％。

ダン・アンド・ブラッドストリート（ＤＮＢ、ビジネス情報、九〇八－六六五－五八〇三、http://www.dnbcorp.com/）

マーケティングとビジネス情報を提供する世界屈指の企業で、子会社の大手格付け機関であるムーディーズ・インベスターズ・サービスをスピンオフするという理由から、バフェットは一九九八年にその株式を約一五ドルで取得した（二〇〇一年五月の株価は二七ドル）。株式市場はときに企業のスピンオフの影響を十分に評価することがない。二〇〇〇年九月三〇日にスピンオフされたムーディーズの株価は、当時の二六ドルから二〇〇一年五月には三二ドルになっている。バフェットはこの両社への投資によって二九三％の投資リターンを手にした。

ファースト・データ（FDC、クレジットカード情報処理サービス、二〇一－三四二－〇四〇二、http://www.firstdatacorp.com/）

何百万人分のクレジットカード情報を処理する同社は、バフェットが長い間投資したいと思っていた企業で、株価が二〇ドルに下落した一九九八年の株価調整期から買い始めた。EPS（一株当たり利益）は一・五六ドルで、初期投資リターンは七・八％。同社のEPSは年一五％のペースで伸び続け、二〇〇一年五月現在の株価は六六ドル、年複利リターンは四八％に達する。

ファニチャー・ブランズ・インターナショナル（FBI）（FBN、家具の製造・販売、三一四－八六三－五三〇六、http://www.furniturebrands.com/）

ネブラスカ・ファニチャー・マートと同様に、バフェットはバリューラインで検索して同社が住宅用家具のトップ企業であることを知った。バークシャーが二〇〇〇年に約一四ドルで株式を買い始め（EPS＝一・九二ドル）、初期投資リターンは一三・七％。一九二一年創業以来のEPS年成長率は二八％に達し、ROE（株主資本利益率）も大きく上昇している。一九九九年のバブル期以降も買い進んだ同社の株価は二〇〇一年二月には二五ドルに達し、投資リターンは七九％となった。

GPU（GPU、電力、九七三－四五五－八三七七、http://www.gpu.com/）

ニュージャージーとペンシルベニア両州の約二〇〇万戸に電力を供給するGPUエナジーの持ち株会社で、オーストラリアの一四〇万戸にも電力を供給している。バークシャーが二〇〇〇年二月に約二五ドルでその株式を買い始めた（BPS＝二八・四六ドル、配当＝二・一八ドル、一九九九年のEPS＝三・二五ドル）。エネルギー価格の上昇で二〇〇〇年第二四半期のEPSは一・七四ドルの赤字となったので、同社はペンシルベニア州当局に電力価格の大幅な値上げを申請した。この申請が認められなければ同社は倒産する恐れがあり、二〇〇一年五月には同じ電力会社のファースト・エナジー社が一株当たり三六ドルで買収を提案したことから、この値上げ申請は受理される予定である。

H&Rブロック（HRB、個人向け税務サービス、八一六－七五三－六九〇〇、http://

www.hrblock.com/）

同社についてはすでに詳述したので、そちらを参考にしてください。

HRPTプロパティーズ・トラスト（HRP、REIT、六一七－三三一－三九九〇、http://www.hrpreit.com/）

商業不動産を運営するREITで、EPSは安定し、配当は〇・八八～一・五一ドル。二〇〇〇年に七～八ドルで株式を取得し、初期投資リターンは一二・五～二〇％。この取得価格は一一・六〇ドルというBPS（一株当たり株主資本）をかなり下回っており、二〇〇一年五月現在でもその株価は八・九〇ドルにとどまっている。

JDNリアルティー（JDN、REIT、四〇四－二六二－三二五二、http://www.jdrealty.com/）

全米一八州でショッピングセンターを開発・取得・リース・運営するREITで、BPSは一四・八〇ドル、配当は一・二〇ドル。バフェットは約九ドルでその株式を買い始め、初期投資利回りは一三％（一・二〇÷九＝一三％）。

ジョンズ・マンビル（バークシャーが二〇〇〇年に買収）

健全な財務体質の優良企業だったが、アスベスト公害訴訟を受けて一九八二年に連邦破産法に基づく企業再建に着手、また損害賠償支払いについて専門信託に株式と純利益を譲渡した。アスベスト以外の売り上げで大きな利益を上げていたが、ハイテク株人気に押されて同社株の人気は低迷していた。バークシャーは二〇〇〇年に、全米一のこの建築用絶縁体・商工業用屋根システム・ろ過材・不織マットのメーカーを一八億ドルで買収した（税引き前利益は三億四三七五万ドル）。初期投資リターンは一九％で、一九九〇～二〇〇〇年のEPS平均成長率は九・五％とインフレ率を上回っている。

ジャスティン・インダストリーズ（バークシャーが二〇〇〇年に買収）

アクメ・ブリックスの住宅・建設用レンガやウエスタンスタイルの保安・作業靴を製造している会社で、バフェットは五億七〇〇〇万ドルで買収した。税引き前利益（五一〇〇万ドル）に対する初期投資リターンは八・九％。過去一〇年間のEPS平均成長率は一六％で、国債利回り（六％）を上回っている。

レイジーボーイ（LZB、家具の製造・販売、二〇一－二九五－七五五〇、http://www.lazyboy.com/）

高級家具・リクライニングチェアの大手メーカーで、バークシャーは株式バブルが弾けた二〇〇〇年二月に一四ドルで買い始め（EPS＝一・四六ドル、EPS年成長率＝一五・七％）、二〇〇一年六月現在の株価は一九ドル。株価が割安であるかぎり保有する方針。

リズ・クレイボーン（LIZ、アパレル、二〇一－二九五－七五五〇、http://www.lizclaiborne.com/）

全米一のキャリアウーマン向けアパレル・アクセサリーのメーカーで、デパートや各地アウトレット店で販売する。二〇年以上にわたって営業している同社は、ドナカランのジーンズやラッキーブランドのダンガリーズボンなどのブランド商品を持ち、全世界に生産拠点を有する。ハイテク株人気が続く一九九八年に同社株は五三ドルの高値から二七ドルまで急落したので、バフェットはその九％の株式を購入した。EPSは二・五七ドル、初期投資リターンは九・五％だったが、二〇〇〇年にはEPSが三・四三ドルに増加したことから同リターンは一二・七％となった。こうした優良株は長く保有するほど、高いリターンが得られる。

ミューラー・インダストリーズ（ＭＬＩ、金属製品、九〇一－七五三－三二〇〇、http://www.muellerindustries.com/）

バークシャーは銅配管部品・チューブ・関連製品の大手メーカーである同社株を、株価が三二ドルから二一ドルに急落した二〇〇〇年一〇月に購入した（ＥＰＳ＝二・一六ドル）。一九一七年創業の同社は徹底したコスト削減で同業他社を寄せ付けず、二〇〇一年五月には株価が三四ドルまで回復したので、投資リターンは六二％となった。

ナイキ（ＮＫＥ、スポーツシューズ、五〇三－六七一－六四五三、http://www.nike.com/）

スポーツ・レジャーシューズの世界トップ企業である同社は、アメリカのスポーツシューズ・シェアの四〇％以上を支配している。バークシャーは一九九八年と二〇〇〇年に三〇ドル以下でその株式を購入したようだ。スポーツシューズの不振期、産業全体の不況、株価暴落・調整期などがこうした優良株の買いのチャンスとなる。

ＵＳＧ（ＵＳＧ、建材、三一二－六〇六－五七二六、http://www.usg.com/）

全米一の石膏壁板メーカーで、本書執筆時点で壁板市況の悪化とアスベスト公害訴訟の影響で同社株は先の高値の四五ドルから一〇ドルまで暴落したので、バフェットは一五％の株式を取得した。二〇〇一年六月に連邦破産法の適用を申請したが、多くのアナリストは企業再建によって経営は安定するだろうと予想している。

ヤム・ブランズ（YUM、ファストフード、五〇二－八七四－八三〇〇、http://www.yum.com/）

バークシャーは二〇〇〇年に、ファストフードの大手三社（ピザハット、タコベル、KFC）を所有する同社株を二四ドルで取得した。EPSは三・六五ドル、初期投資リターンは一五％。株価は二〇〇二年三月に五五ドルを付けた。

かつて投資した企業

アメラダ・ヘス（AHC、石油・天然ガス、二一二－五三六－八三九六、http://www.hess.com/）

バフェットはこの会社が保有する原油埋蔵量から見て、今の株価は割安であると考えて二六ドルで株式を購入した。それから一年後に五〇ドルで売却し、素晴らしいリターンを手にした。

ABCテレビ（キャピタル・シティーズと合併したあと、ウォルト・ディズニーが買収）

同社は一九七〇年代初め、最も持続的な競争力を持つ企業のひとつであった。バフェットは一九七八年の広告不況のときに二四ドルで株式を購入し、一九八〇年に四〇ドルで売却した。

アメリカン・エキスプレス（AXP、金融サービス、二一二－六一九－六九七四、http://www.americanexpress.com/）

総合金融サービス会社で、特に企業向け旅行関連の金融サービス分野が強い。そのクレジットカード事業は現代生活の有料ブリッジになっている。既述したように、バフェットはサラダ油事件が起きて巨額の損失を被った一九六〇年代に、本業には何の問題もないと判断して株式を取得、それ以降に株価が回復したときに売却した。一方、一九九〇年代にも再び大きな問題が発生した。一九九一年九月～一九九四年九月に約二二〇〇万人のクレジットカードユーザーを失い、そのシェアは一九九〇年の二二・五％から一九九五年には一六・三％に低下した。これはいろいろな金融ビジネス分野に手を広げた結果、主力のクレジットカード事業がおろそかになったことによる。このように持続的な競争力を持つ企業でも、ときに青く見える隣の芝生に惑わされて得意の本業から逸脱することがある。新しいCEO（最高経営責任者）に就任したハーベイ・ゴルブはバフェットに対して救済を要請、これ受けてバフェットはアメックス株を買い始めた。その直後の一九九四年に同社は投資銀行のリーマン・ブラザーズをスピンオフし、アメックス一株につきリーマン五分の一株（約四ドル）を株主に割り当てた。二六ドルでアメックス株を購入したバフェットの初期投資リターンは、リーマン株の割当分を含めて一五％となった。現在のアメックス株は一六六ドルで、年複利リターンは三〇％に達した。

アンハイザー・ブッシュ（BUD、ビール、三一四－五七七－二〇〇〇、http://www.anheuser-busch.com/）

世界最大のビール会社で、典型的な持続的な競争力を持つ企業のひとつである。（バドワイザー、バドライト、ブッシュ、ミケロブなど）多くのブランド商品を持ち、ROEとROTC（総資本利益率）も高く安定している。不況で株価が安くなったところは絶好の買いのチャンスである。

ブリストル・マイヤーズ・スクイブ（BMY、医薬品、二一二－五四六－四〇〇〇、http://www.bms.com/）

一八八七年の創業で、二〇〇〇年の売上高は専売医薬・処方薬・化粧品・トイレタリーなど約二二〇億ドルに達した。バフェットは医療制度改革の動きが高まった一九九三年に一三ドルで買い始め（EPS＝一・一〇ドル、ROE伸び率＝三〇％）、年平均複利リターンは二三％に達した。

キャンベル・スープ（CPB、食品、八五六－三四二－四八〇〇、http://www.campbellsoups.com/）

多くのブランド商品を持つ同社は、スープ市場では七〇％のシェアを持つ。スープの売り上げが落ちる不況や暖冬期、または株価の下落局面は絶好の仕込み時である。バフェット基金が株式を保有。

キャピタル・シティーズ・コミュニケーションズ（ABCテレビと合併したあと、ウォルト・ディズニーが買収）

運営費があまりかからず、利益率の大きいテレビ会社はバフェット好みの株式である。同社は多くのテレビ・ケーブルテレビ局を持ち、業績も安定している。バフェットは一九七〇年代後半に株式を取得、一九八〇年代初めに売却したが、保有していた同社株を早々と売却したのは失敗だったとしている。バフェットが一九八六年に初めてABCテレビ株を購入したとき、同社のCEOが彼に出資を要請したことから、一株当たり一七・二五ドルで五億一五〇〇万ドルを投資、ディズニーがキャピタル・シティーズ・ABCを買収した一九九五年に一二七ドルで売却した。これによる一九八六年以降の年複利リターンは二四％となった。

クリーブランド・クリフス（ＣＬＦ、鉱業、二一六－六九四－四八八〇、http://www.cleveland-cliffs.com/）

北米の製鋼会社に鉄鉱石を供給する最大手の企業（一八四〇年の創業）で、五つの鉄鉱石鉱山を所有・運営する。この事業のおもしろいところは、鉄鋼不況のときは鉱山開発を休止して、需要が回復するのを待つことである。バフェットは一九八四年の鉄鋼不況のときに株式を取得、業界の景気が回復したところで売却した。最近のチャンスは鉄鉱石の供給過剰から不況入りした二〇〇一年で、このときも同社株は五〇ドルの高値から一四ドルまで暴落した。その持続的な競争力とは製鋼会社との連携がうまくいっていることで、市況が悪化したときは生産休止または減産することで持続的な競争力を維持できる。

コカ・コーラ（ＫＯ、清涼飲料、四〇四－六七六－二一二一、http://www.cocacola.com/）

世界最大のソフトドリンク会社で、代表的な持続的な競争力を持つ企業である。コーヒー、ジュース、茶を含む二三〇以上のブランド商品を販売し、世界のソフトドリンク市場の五〇％を支配する。バフェットが手掛けた投資では最大規模のひとつで、その投資リターンもかなり大きかった。ただし、こうした優良企業といえどもＰＥＲ三〇倍以上ではけっして投資してはならず、バフェットが株式を購入したのもＰＥＲ二五倍以下のところだった。

コックス・コミュニケーションズ（COX、ケーブルテレビ放送、四〇四－八四三－五九七五、http://www.cox.com/）

六〇〇万世帯にケーブルサービス、三五万世帯にデジタルテレビ・サービスを提供するほか、インターネット接続・長距離電話サービスなども行う。総合メディア会社であるコックス・エンタープライジズが六八％の株式を所有する。二〇〇〇年の純利益率が二三％に達するバフェット好みの株式で（ちなみに、フォード・モーターの純利益率はわずか一％）、バフェット基金が株式を保有する。

ウォルト・ディズニー（DIS、テーマパーク・映像娯楽、八一八－五六〇－一九三〇、http://www.disney.com/）

バフェットは一九六六年に同社株を五三ドルで購入したが、この評価額に基づく同社全体の企業価値はわずか八〇〇〇万ドルで、白雪姫などのアニメやディズニーランドの市場価値にも及ばなかった。バフェットは五〇〇万ドルを投資し、一年後に六〇〇万ドルで売却した。彼によれば、この保有株を今でもホールドしていれば、その評価額は一〇億ドル以上になっていたという（三〇年間の年複利リターンは一九％）。ここから得られる教訓は、株式投資で大きな資産を築くには、持続的な競争力を持つ企業の株式を長期にわたって保有することである。バフェットはディズニーがキャピタル・シティーズと合併した一九九五年にも、ディズニー株を二二五〇万株購入し、一九九八〜二〇〇〇年の株式バブル期にゼネラル・リインシュアランスに直接売却した（これについては先に言及した）。ディズニーは世界第二位の総合メディア会社で、ＡＢＣテレビをはじめ、多くのテレビ・ラジオ局、テーマパーク、映画スタジオを所有し、ミッキーマウスは世界的な人気アニメである。

エクソン（ＸＯＭ、石油・天然ガス、九七二－四四四－一〇〇〇、http://www.exxonmobil.com/）

ＦＲＢ（連邦準備制度理事会）は一九八〇年代初めに、インフレを沈静化するため金利を大幅に引き上げたことから、景気と株式相場は大きな打撃を受けた。このときバフェットは景気がどうなろうと企業や個人は石油を使い続けると判断し、四四ドル（ＰＥＲ＝六・五倍）で同社株を取得した（ＥＰＳ＝六・七七ドル、初期投資リターンは一五・二％）。ＥＰＳ年成長率は六・七％で、同社は積極的に自社株買いを実施している。一九八七年に株価は八七ドルまで回復し、年複利リターンは約二五％となった。

フレディマック（ＦＲＥ、モーゲージローン、七〇三－九〇三－二二三九、http://www.freddiemac.com/）

銀行などの金融機関から住宅ローン債権を買い取り、それを集めて証券化し、投資家に販売する。バフェットはこうしたビジネスを行う同社株を大量に購入したが、それ以降に同社のビジネスモデルが変化したとして保有株をすべて売却した。リスクが大きくなった企業からは素早く手を引くというのが彼のやり方である。

ウールワース

全米有数の小売りチェーンで、バフェットは一九七九年に二〇ドルで購入した（EPS＝六・〇二ドル、BPS＝四一ドル、初期投資リターンは三〇％）。一九八五年には五〇ドルまで上昇し、年複利リターンは二〇％となった。

ギャラハー・グループ（GLH、タバコ、一九三二－八五九－七七七、http://www.gallaher-group.com/）

イギリスの大手タバコ会社ギャラハー・タバコの親会社で、シルクカットやベンソン・アンド・ヘッジズなどのブランド商品を持つ。ギャラハー・タバコは一九九四年にタバコ訴訟が相次ぐアメリカから完全に撤退したが、タバコは依然として利益率の高い持続的な競争力を持つ商品である。イギリスではアメリカほどタバコ訴訟が激しくないため、バフェット基金が同社株を取得した（投資の時期や買値は不明）。

ガネット（GCI、新聞、七〇三－五五八－四六三四、http://www.gannett.com/）

バフェットは全米一の新聞社である同社株を、広告不況が吹き荒れた一九九四年に二四ドル（PER＝一五倍）で取得した。株価は一九九九年にPER二四倍に上昇、さらに七六ドルまで買われた二〇〇二年に売却、年複利リターンは一五・二％となった。

GEICO（バークシャーが株式を保有）

同社が支払い不能の危機に追い込まれたとき、バフェットはその持続的な競争力はけっして損なわれていないと判断して投資した。彼の予想は的中し、四五〇〇万ドルの投資額はそれ以降の一五年間で二三億ドル以上に増えた。年複利リターンは二九・九％とバフェット流の投資法が大成功を収めた好例である。

ゼネラル・エレクトリック（GE、コングロマリット、二〇三－三七三－二二一一、http://www.ge.com/）

電気照明会社として出発した同社は、今では世界最大のコングロマリット（複合企業）となった。この一〇年間のROE＝一八～二三％、ROTC＝一六～二五％、EPS平均成長率＝一一・八％。一〇〇億ドルの利益に対して、長期債務はわずか四億ドル。一九九九年の株式バブルのピーク期にはPER三六倍まで買われたが、一九八〇年代や一九九〇年代初めの一五倍以下でなければ投資のうまみはない。バークシャーが株式を保有。

ゼネラル・フーズ（フィリップ・モリスが一九八五年に買収）

バフェットは一九七九年に、平均三七ドルで約四〇〇万株を取得した。EPS＝五・一二ドル、EPS平均成長率＝八・七％、初期投資リターンは一三・八％だった。フィリップ・モリスが一九八五年に、バフェットの保有分を含む同社のすべての株式を買収した（取得額は一株当たり一二〇ドル）。これによる年平均複利リターンは二一％。

ジレット（G、化粧用品、六一七－四六三－三〇〇〇、http://www.gillette.com/）

バークシャーは消耗品であるカミソリ替え刃の大手企業である同社株を取得した。この一〇年間のROE＝三〇％、ROTC＝二〇％、EPS平均成長率＝一四％。一九九九年の株式バブル期にはPER四〇倍まで買われたが、一五倍以下でなければ投資のうまみはない。

ハーシー・フーズ（HSY、チョコレート・菓子、七一七－五三四－六七九九、http://www.hersheys.com/）

バフェットはチョコレートの大手メーカーで、持続的な競争力を持つ企業の同社株を取得したと言われるが、買値などの詳細は不明。「孤児のためのミルトン・ハーシー・スクール」が過半数の株式を保有する。ＲＯＥとＲＯＴＣはともに高く安定しており、ＥＰＳ平均成長率は九・九％。株式バブル期にはＰＥＲ三三倍まで買われたが、一九九六年以前の一五倍以下でなければ買えない。

インターパブリック・グループ（ＩＰＣ、広告代理店、二一二－三九九－八〇〇〇、http://www.interpublic.com/）

一九七四年までは世界最大の広告代理店だったが、現在では世界第三位。企業が自社製品をＰＲするかぎり広告の需要は尽きることがなく、しかも大規模な工場や設備は不要である。また大手広告代理店がこの業界を支配するという寡占状態はまったく揺るがないため、これらの大手企業はこれからも成長していくだろう。この一〇年間のＲＯＥ＝一六％（直近三年間では二〇％）、ＥＰＳ平均成長率＝一二・八％。バフェットは一九七三〜一九七四年の不況のときに同社の一七％の株式を三ドル（ＥＰＳ＝〇・八一ドル）で購入したのをはじめ、計五九万二六五〇株を四五三万一〇〇〇ドルで取得した（平均買値は七・六五ドル）。この保有株を売却したのかどうかは不明だが、今も保有していればその評価額は約二八億ドルに達し（株式分割後で七四六〇万株）、この二七年間の年平均複利リターンは一七％となっている。一九九九年のバブル期にはＰＥＲ三三倍まで買われたが、魅力ある投資は一九九〇年半ばのＰＥＲ一四倍の水準である。

カイザー・アルミナム&ケミカル（KLUCQ、アルミ製品、七一三－二六七－三七七七、http://www.kaiseral.com/）

かなり早い時期の投資企業のひとつで、ビジネスセンスに照らしてその好業績を買ったが、それ以降に価格競争型の企業に転落した。損失となった数少ない銘柄のひとつ。

マクドナルド（MCD、ファストフード、六三〇－六二三－三〇〇〇、http://www.mcdonalds.com/）

二万八〇〇〇店でブランド商品のハンバーガーを販売するファストフード大手で、この一〇年間のROE＝一六～二〇％、EPS平均成長率＝一二％。バフェットは一九九四～一九九五年に六〇〇〇万株を一二億ドルで購入（平均買値は二〇ドル）、一九九七～一九九九年のバブル期に三〇～四五ドルで売却したと言われる。

メディア・ゼネラル（MEG、新聞・放送、八〇四－六四九－六〇〇〇、http://www.mediageneral.com/）

大手の新聞社でテレビ・ケーブルテレビ局も所有する。バフェットは金利上昇期の一九七八～一九七九年に一六ドルで株式を取得（EPS＝三・四二ドル）、初期投資リターンは二一％。一九八五年に約七〇ドルで売却したと言われる。

マーキュリー・ゼネラル（MCY、自動車保険、二一三ー九三七ー一〇六〇、http://www.mercuryinsurance.com/）

カリフォルニア州最大の自動車保険会社で、ROEも高く安定している。株価が純資産以下となった一九八八年、一九九〇～一九九二年、二〇〇〇年にバフェット基金が株式を購入した。

ニューヨーク・タイムズ（NYT、新聞・放送、二一二ー五五六ー一二三四、http://www.nytco.com/）

ニューヨーク・タイムズやボストン・グローブ紙のほか、テレビ・ラジオ局も所有する。バフェット基金が投資した一九九〇年代初めの業績は素晴らしかったが、今ではさらに良くなっている。

オグルビー&メイザー（現在では非上場）

バフェットは一九七三～一九七四年の株式クラッシュのとき、全米第五位の広告代理店である同社株を約四ドルで取得した（EPS＝〇・七六ドル）。一九七八年の株価は一四ドル（年複利リターンは三〇％）、一九八五年には四六ドル（同二四％）となった（売却時期については不明）。

ペプシコ（PEP、ソフトドリンク、九一四－二五三－二〇〇〇、http://www.pepsico.com/）

バフェットは一日に三～四本のチェリーコークを飲むが、それ以前にはペプシの愛好者だった。この一〇年間のROE＝二〇%、EPS平均成長率＝八%。バフェット基金が株式を保有。

タイムズ・ミラー（TMC、新聞・出版、二一三－二三七－三七〇〇、http://www.tm.com/）

一四%まで金利が上昇して株価が暴落した一九八〇年に、バフェットはロサンゼルス・タイムズを発行する同社株を一四ドル（PER＝六・八倍）で購入し（EPS＝二・〇四ドル）、初期投資リターンは一五%。一九八五年に株価は五三ドルまで上昇し、年複利リターンは三〇%となった。一九九九年にはPER二一倍まで買われ、二〇〇〇年三月にトリビューンが同社を買収した。

トーチマーク（TMK、生命・健康保険、二〇五－三二五－四二〇〇、http://www.torchmark.com/）

この一〇年間のROE＝一九%、EPS平均成長率＝一〇・九%。バフェットは株式バブルが崩壊した二〇〇〇年二月に同社株を二〇ドル（EPS＝二・八二ドル）で取得し、初期投資リターンは一四％となった。二〇〇一年三月の株価は三七・五〇ドル。

ウォルマート・ストアーズ（WMT、小売り、五〇一－二七三－四〇〇〇、http://www.wal-mart.com/）

全米二四〇〇店と世界各地の店舗でほぼあらゆる商品を販売する世界最大のディスカウントスーパー大手。この一〇年間のROE＝二〇％、EPS平均成長率＝二四％。その販売ネットワークは極めて高度に組織化されており、他社の追随を許さない。バークシャーは一九九七年に四三九万株を取得した。

ワーナー・ランバート（WLA、医薬品、九七三－五四〇－二〇〇〇、http://www.warner-lambert.com/）

医薬品・ヘルスケア・ガム・ミントなどで多くのブランド商品を持ち、この一〇年間のROE＝三〇％、EPS平均成長率＝一一％。一九九九年のバブル期にはPER三〇～四五倍まで買われたが、有利な買いはPER一七倍以下。バフェットは政府が薬価引き下げに動いた一九九〇年代初めにPER一三倍で購入したが、その経営方針に賛成できなかったのでその後に売却したと言われる。二〇〇〇年にファイザーと合併した。

ワシントン・ポスト（WPO、新聞・出版・放送、二〇二－三三四－六〇〇〇、http://www.washpostco.com/）

バフェットが最初に投資した大手新聞社で、過半数の株式を保有するキャサリン・グラハムが経営に当たっていた。一九七三年に株式を取得したバフェットは彼女に対して、自社株買いと主力事業から逸脱しないよう勧告した。その結果、株価は彼が投資した一九七三年の五・六九ドルから現在では五〇〇ドル以上になっている。ROE＝一三～一九％、EPS年成長率＝九％。ワシントン・ポスト紙のほか、ニューズウィーク誌、六つのテレビ局、一八州にケーブルテレビ局などを保有する。持続的な競争力を持つ企業の代表である同社株が四〇〇ドル以下になれば買い、三〇〇ドル以下になれば千載一遇のチャンスである。バフェットが購入した一九七三～一九七四年の買値五・六九ドルはPER七・五倍、一九七二年と一九九九年のバブル期には二四倍で取引されていた。キャサリンが二〇〇一年に死去したあとも、同社の事業は順調に発展している。

ウエルズ・ファーゴ（WFC、銀行、四一五－三九六－三六〇六、http://www.wellsfargo.com/）

全米の銀行が不動産向け不良債権に直撃されたとき、近視眼の株式市場は同行株を一五・七五ドルまで売りたたいた。バフェットは四億九七八〇万ドルを投じて、平均約一七ドルで二八八〇万株を取得し（最近の株価は四九ドル）、不動産バブルがピークに達した一九九九年に売却した。不動産の好不況は一〇～一五年サイクルで繰り返され、これを反映して銀行株も大きく変動する。バフェットと同じように、不動産市況がどん底のときに銀行株を購入すれば、大きな利益を手にできるだろう。

ワイス（WYE、医薬品、九七三－六六〇－五〇〇〇、http://www.ahp.com/）
特許処方薬の大手で、売薬でも多くのブランド商品を持つ。この一〇年間のROEは三〇％と高く安定しており、EPS年成長率は七・九％。弱気相場のときに仕込み、長期保有すれば大きく報われる株式である。

第17章

バフェットの株式アービトラージ

株式アービトラージ（企業売却・再編、合併、スピンオフ、敵対的買収などを利用した投資）は、バフェットがよく実践した投資手法のひとつである。これについてはあまり知られていないが、バフェットはグレアムの投資会社で働いていたときにこの手法を学んだ。彼によれば、この投資会社は三〇年にわたり株式アービトラージによって、ローリスクで年平均二〇％のリターンを上げていたという。まだ駆け出しの資金運用者だったバフェットが、この株式アービトラージに夢中になっていったのは想像に難くない。

わずか五年ほど前には、こうした株式アービトラージを利用できるのは一部の機関投資家だけであり、実践者のひとりだったバフェットは証券会社に対して取引手数料の引き下げを強く求めていた。特に小口の個人投資家の取引手数料は法外に高く、またこうした株式アービトラージを実践するには膨大な情報が必要となるので、一般投資家はこの分野から完全に閉め出されていた。かつてのバフェットもアービトラージのチャンスを見つけるために、毎日五～六紙の主要新聞の株式欄を丹念に読んでいた。そしてやっとそうしたチャンスを探し当てたとき、買収計画の取り止めなどでせっかくのチャンスが無にならないように、事態の推移を慎重にフォローしていたという。このように、かつては（インターネットが広く普及する以前には）株式アービトラージはフルタイムの仕事だった。

オンライン取引が普及するようになって、個人投資家が法外な取引手数料を支払う時代は終わりを告げた。オンライン取引会社のなかには、一株当たり一セント以下の手数料で売買できるところも出てきた。アメリカン・エキスプレスのオンライン取引では、一〇万ドル以上の残高があれば取引手数料が無料となる（かつてはバフェットのような大口投資家でさえも、手数料が無料とはいかなかったのに）。今ではパソコンに電源を入れてインターネットにアクセスすると、簡単に株式アービトラージのチャンスを見つけることができる。かつてのバフェットが何時間もかかっていた作業も、今ではマウスを数回クリックするだけで済んでしまう。これは本当に革命的なことである。

この株式アービトラージ（バフェットは「ワークアウト」と呼んでいた）は、企業の売却・合併や敵対的買収などを利用する手法である。バフェットの投資スタイルは長期にわたって株式を保有するものだが、そうした投資チャンスが存在しないときは積極的にこの手法を活用してきた。ほかの短期投資法よりもはるかに多くの利益が得られるからである。彼がこのアービトラージ手法を取り入れて資金運用してきた三〇年間に、年平均リターン（税引き前ベース）

は約二五％に達したという。素晴らしいパフォーマンスである。

バフェット・パートナーシップを運用して間もないころは、資産の四〇％近くをこうした株式アービトラージで運用していた。株式相場が急落した一九六二年のようなときでも、株式アービトラージによる収益がパートナーシップを救ってくれた。この年にダウ工業株平均は七・六％下落したが、バフェットのパートナーシップは一三・九％のリターンを上げることができた（通常の株式投資では大きな損失となったが、株式アービトラージがパートナーシップを破産の危機から救い、ここからバフェットをめぐるいろいろな伝説が生まれた）。

この株式アービトラージ手法（グレアムは「特殊な状況（special situations）」と呼んでいた）は多岐にわたるが、バフェットが得意としたのはグレアムが「事業の売却・清算による現金化（cash payments on sale or liquidation）」と呼んだものである。つまり、企業が事業の一部を売却したり、または会社を清算し、そこから得られた現金を債権者や株主に分配する状況である。例えば、ＲＪＲナビスコの経営陣が一九八八年に株主から株式を買い取って同社を非公開にすると発表したとき、バフェットは二億八一八〇万ドルを投じて同社の三三四万二〇〇〇株を取得した。結局、このＭＢＯ（マネジメント・バイアウト）計画は不発に終わり、同社は大手買収ファンドのＫＫＲ（コールバーグ・クラビス・ロバーツ）に買収されたが、バフェットはこのときも株式アービトラージで大きな利益を手にした。

こうした株式アービトラージとは、企業の売却・清算価格とそれが実施される以前の株価との利ザヤを抜く手法である。例えば、X社がすべての株式をY社に一株当たり一二〇ドルで売却すると発表したとき、アービトラージャーが直ちに時価の一〇〇ドルでX社株を取得しておけば、売却完了時に差額の二〇ドルの利益が得られる。しかし、問題は売却が完了するまでの期間である。つまり、株式取得日と売却完了日の期間が長くなればなるほど、年率換算のリターンは小さくなるからだ。例えば、X社の株式を一〇〇ドルで購入し、それを一二カ月後に売却して二〇ドルの利益を得たとすれば、その（税引き前）年率リターンは二〇％となる。しかし、何らかの問題が生じて売却の完了が二年後に延びたとすれば、年率リターンは一〇％に低下する。その反対にラッキーにも六カ月後に売却が完了すれば、年率リターンは四〇％に上昇する。

このように株式アービトラージでは利益は当初から確定しているが、年率リターンは売却完了日によって違ってくる。先の例で言えば、二〇ドルの利益は確定しているが、年率リターンを決めるのはX社株の保有期間の長さである。その期間が短いほど年率リターンは大きく、長いほど小さくなる。売却完了日が不確定になれば、二〇ドルの利益が得られるかどうかも分からない。最悪の場合、株式売却計画そのものが中止になれば、株価は以前の水準に戻ってしまうだろう。そのほか、株主の反対、独占禁止委員会や税務当局の介入なども予想される（こうした取引では税務は厄介な問題である）。

バフェットはこうしたリスクから身を守るために、株式や事業の売却が正式に発表されてから投資するという方針を堅持している。一見するとこれは何でもないことのように思われるが、実はとても大切なことである。というのは、売却計画がまだ正式に発表されないうちに投資に踏み切る愚か者が少なくないからだ。そう、あのウォール街の投機家たちである。彼らは株式売却などが噂になった段階で、その企業に投資して大儲けしようとする。確かに噂の段階で投資すれば大きな利益を手にできる可能性はあるが、大きなリスクに身をさらすことにもなる。

バフェットは数百件に及ぶ株式アービトラージを実践した経験から、確実な年率二五％のリターンのほうが実現するかどうかも分からない一〇〇％のリターンよりも安全であるという結論に達した。ウォール街の投機家たちは噂に賭けるが、バフェットは事業や株式の売却が正式に発表されてから投資する。パートナーシップを運営していた一九五七～一九六九年に、バフェットは株式アービトラージによって毎年安定した利益を上げ、また株式低迷期でも彼のパートナーシップは大きな競争力を維持することができたという。株価が下落すると株主や経営陣は危機感を抱き、事業の売却やリストラ策などが検討される。しかし、株価の下落はその株式がそれだけ魅力的になったことを意味するので、多くの投資家の注目を集めるようになる。アービトラージャーにとっても、株価の下落は大きな利益を手にするチャンスである。

さあ始めよう

株式アービトラージのチャンスを見つける簡単な方法は、主なＭ＆Ａ（企業の合併・買収）

の情報を毎日掲載している「mergerstat.com」や「www.moneycentral.msn.com」にアクセスすることである。「mergerstat」はその日に発表された全世界の主なM&A（一億ドル以上）の情報をリストアップしており、無料で利用できる。また「www.moneycentral」を利用するときは、「Markets（市場）」→「News by Category（カテゴリー別のニュース）」→「Topics（トピックス）」→「Mergers and Acquisitions（M&A）」と進めば、最近発表されたM&Aのあらゆる情報にアクセスできる。そのときに注意しなければならないのは、あくまでも上場企業の現金取引だけに的を絞ることである（株式交換や現金＋株式によるM&Aもあるが、こうした物件は状況が複雑になるので手を出さないほうがよい。アービトラージ手法に精通するまでは、現金によるM&Aだけに限定するのが無難である）。

これらのサイトで興味あるM&Aが見つかったら、買収される企業とそのチッカーシンボルをメモし、それに関する情報を詳しくチェックして株式売却価格と現在の株価を確認する。株式売却がほぼ確実に実行され、その差額が魅力的なものであれば、当該企業に電話を入れて、売却計画は予定どおり進行中なのか、また売却予定日はいつなのかを再確認する。このときに大切なことは、証券新聞などを読むよりは、その会社に直接電話をかけて確認することである。ネクサス（Nexus）などのニュースサービスを購読していれば、売却完了日まで進展状況をフォローできるだろう。以下ではこの手順について具体的に説明しよう。

例えば、二〇〇一年六月一日の「mergerstat.com」で、①Y社がZ社を一株当たり二五ドルで買収、②買収完了日は二〇〇二年一月一日――の発表を見つけたとしよう。現在のZ社の株価は二四ドルである（お金の時間価値や買収計画中止のリスクなどから、買収発表日から買収完了日までにZ社株が二五ドルちょうどで取引されることはほとんどない）。この情報を入手して二〇〇一年八月一日にZ社株を二四ドルで購入し、それを二〇〇二年一月二日に二五ドルで売却したときの年率リターンはいくらになるだろうか。これをテキサス・インスツルメンツの金融電卓（ＢＡ－三五ソーラー）を使って計算すると、Ｎ（年数）＝一、ＰＶ（現在の価格）＝二四、ＦＶ（将来の価格）＝二五を入力したあと、ＣＰＴ（計算）と％ｉ（利率）のキーを押すと四・二％という年率リターンが表示される（こうした計算ではどの金融電卓を使ってもよいが、以下で金融電卓というときはこの「ＢＡ－三五ソーラー」を指している）。一方、買収の発表から五カ月で完了すれば、株式の保有期間がそれだけ短くなるので年率リターンは上昇する。このときの年数は一年÷一二カ月×五カ月＝〇・〇八三三三×五＝〇・四一六六となり、この数字を金融電卓のＮ（年数）に入力して同じように計算すると一〇・二九％という年率リターンが求められる。

金融電卓を使った計算は初版で紹介したグレアムの計算式よりもはるかに簡単であるが、買収計画が取り止めになったときのリスク（予想損失）については推計できない。したがって、買収計画が確実に実施されるような状況についてだけ投資すべきである。バフェットはこうしたリスクに対処する方法として、成功できるアービトラージを積み上げていけば、数少ない失敗のケースを補って余りある利益を手にできると考えている。

注意点

以上紹介してきた株式アービトラージをうまく利用すれば、かなりの利益を上げられるので、皆さんもぜひこの手法に真剣に取り組んでほしい。ただしもう一度繰り返すが、バフェットのやり方を見習って、「事業や株式の売却計画が正式に発表されたあとだけ」にこの株式アービトラージを実行してください。噂の段階で投資すれば大きく儲けられるかもしれないが、そうした投機的なアービトラージはそれだけリスクも大きいことを忘れないように。偉大な相場師の多くもこれでバタバタとやられたからである。

この章のポイント

●バフェット・パートナーシップは株価が下落した年でも、株式アービトラージによって利益を上げることができた。

●オンライン取引手数料がかなり安くなったので、小口の個人投資家でも株式アービトラージを実践できるようになった。

●バフェットは正式に発表された事業や株式の売却計画についてしか投資しなかった。
●「mergerstat.com」と「www.moneycentral.msn.com」は、毎日発表されるM＆Aの優れた情報サイトである。

第18章　優れた企業を見つけるバフェット流投資法の方程式

これまで検討してきたことによって、バフェット流の株式投資法とはまず持続的な競争力を持つ企業を見つけ、次にビジネスセンスに照らして割安な株価（不況や一〇月に頻発する株価の下落・調整、その企業に特有の一時的な問題などを映した株価の値下がり）による買いのチャンスを待つというものである。大金持ちと小金持ちを分けるのは、このビジネスセンスをどのように働かせるのかによって決まる。つまり、どの株式をいくらで買うのかによって、手にする利益の金額が大きく違ってくる。皆さんはすでにどのような企業に投資したらよいのか（そう、持続的な競争力を持つ企業である）を知っているので、次はそうした企業の株式をどのように安く手に入れるのかである。

優良株をできるだけ安く仕込むというのはとても大切なことである。バフェットを研究している多くのアナリストや著述家などは、優れた企業の株式を購入して数年間ホールドすることがバフェット流の株式投資法だと勝手に解釈している。そこには購入する株価といった視点が欠落している。これではまったくダメだ。例えば、一九九一年のH&Rブロック株は一九〜三八ドルで取引されていたが、それから一〇年後の二〇〇一年には八〇ドルに値上がりした。もしも一九九一年に同社株を一九ドルで購入し、二〇〇一年に八〇ドルで売却したら、その（税引き前）年複利リターンは約一五・四％となる。ところが同じ株式を三八ドルで購入し、一〇年後に八〇ドルで売却したら、リターンは七・七％に低下してしまう。これを金額で見ると、一九九一年に一九ドルで一〇万ドルを投資したときの一〇年後の資金は四一万八八四九ドルとなるが、三八ドルで購入したときの一〇万ドルを投資したときの一〇年後の資金は二〇万九九六九ドルにとどまっている。一〇万ドルを投資したときの一五・四％と七・七％の年率リターンの差額は、一〇年間で何と二〇万八八八〇ドルにも達する。大きい利益を手にするには、株式をできるだけ安く買うことの大切さがこれでお分かりだろう。

以上の計算を金融電卓でやると簡単である。一九九一年のH&Rブロック株の一九ドルをPV（現在の価格）、一〇年間をN（年数）、八〇ドルをFV（将来の価格）に入力し、CPT（計算）と%i（利率）のキーを押すと一五・四％と表示される。このように投資の複利リターンを決定するのは株式の買値であるため、できるだけ安く買うことの大切さはいくら強調してもしすぎることはない。

さあ始めよう

まず有望な企業が見つかったら、以下の項目をチェックしよう。

●直近の損益計算書
●直近のバランスシート（貸借対照表）
●過去一〇年間のＥＰＳ（一株当たり利益）の推移
●過去一〇年間のＲＯＥ（株主資本利益率）の推移

金融電卓を使って、（バフェットもやっていた）企業の収益力を表す本質的価値を計算してみよう。繰り返すが、これは持続的な競争力を持つ企業を見つけ、その株価がどれだけビジネスセンスにかなったものであるのかを確認するための作業である。以下ではこのバフェット流投資法の七つの方程式をまとめた。

方程式一　利益のトレンド

バフェットによれば、将来の利益が予想できなければ、その企業に悪材料現象を乗り切るだけの力があるのかどうかを判断することはできない。この作業は簡単であり、単にその企業の公表ＥＰＳの推移を見るだけでよい。利益のトレンドは上向き・下向きか、それとも一貫性がなくばらばらか、上昇トレンドは力強いか、近年に赤字や大幅な減益はないかなどを見る。スタンダード・アンド・プアーズやバリューライン、ＭＳＮ、ヤフーなどのサイトにアクセスすると過去のＥＰＳデータは簡単に入手できる。

四つの利益トレンド

利益のトレンドには四つのケースがあり、そのうちの三つは望ましい企業、残りのひとつは回避すべき企業のケースである。ベストはＥＰＳが力強い上向きトレンドをたどっている企業（以下の表の企業１）で、ＥＰＳが年によってかなりのばらつきがある企業（企業２）には手を出してはならない。

企業１の利益トレンドからは企業２よりも簡単に将来の利益が予想できるだろう。企業１の利益は一九九六年を除いて毎年上昇トレンドをたどっているのに対し、企業２の利益トレンドには一貫性がない。将来の利益が予想できない企業２ではなく、利益が力強い上昇トレンドをたどっている企業１を投資候補とするのは当然であろう。バフェットの師であるグレアムは、その人が太っていることを知るのにわざわざ体重を測る必要はないと語っていたが、このこと

	企業1 持続的な競争力を持つ企業	企業2 価格競争型の企業
年	EPS	EPS
1991	1.07 ドル	1.57 ドル
1992	1.16	0.16
1993	1.28	－0.28
1994	1.42	0.42
1995	1.64	－0.23
1996	1.60	0.60
1997	1.90	－1.90
1998	2.39	2.39
1999	2.43	－0.43
2000	2.69	0.69

は企業の利益トレンドと投資の是非についても当てはまる。まずは過去七～一〇年間のＥＰＳトレンドが安定しているか、それともばらつきがあるのかを見るが、判断が難しい企業についてはもう少し詳しく調べてみることである。

一時的な減益または赤字の場合

悪材料現象とはある年にＥＰＳが大きく落ち込んだり、または赤字になったときである。二〇〇〇年に大きな減益となった次ページの表の企業3、または同年に赤字に転落した企業4などのケースである。両企業の利益は前年まで安定した上昇トレンドをたどっており、問題はこの減益や赤字が一時的なもの、それとも構造的なものなのかということである。詳しい企業分析の結果、その企業の持続的な競争力が失われ

	企業３ 持続的な競争力を持つ企業	企業４ 持続的な競争力を持つ企業
年	EPS	EPS
1991	1.07ドル	1.07ドル
1992	1.16	1.16
1993	1.28	1.28
1994	1.42	1.42
1995	1.64	1.64
1996	1.60	1.60
1997	1.90	1.90
1998	2.39	2.39
1999	2.43	2.43
2000	0.48（大幅な減益）	－1.69（赤字）

ていないことが分かれば、経営陣の努力や景気の好転によってそうした一時的な困難を乗り越えられるだろう。

方程式一のポイント

●直近一〇年間のＥＰＳの推移を見るだけで、その企業の有望度が分かる。
●バフェットは、直近一〇年間のＥＰＳが力強い上昇トレンドをたどっている企業だけを投資対象としている。
●彼は利益が年によって大きなばらつきのある企業には手を出さなかった。
●ＥＰＳが力強い上昇トレンドをたどっている企業が、一時的に減益または赤字になったときが狙い目である。

方程式二　初期投資リターン

バフェットの言う「ビジネスの視点に立った投資」とは、その企業の株式を購入したとき、EPSに対する初期投資リターンがどれくらいなのかを計算することである。例えば、EPSが五ドルの企業の株式を一〇〇株購入したときの初期投資利益は、五ドル×一〇〇株＝五〇〇ドルとなる。バフェットの考えによれば、この企業は投資利益の五〇〇ドルを配当で支払う、または内部留保して企業価値を向上させる――のどちらかの方法によって株主に還元する。利益の再投資によって企業価値が向上すれば、株式市場は必ずそれを評価して株価を上昇させる。

バフェットのこうした考え方は、ウォール街の人々の考えとは異なっている。彼らは配当として受け取らなければ、実際の利益とはみなさない。一九八〇年代初めにはわずか四五〇ドルだったバークシャー・ハサウェイ株は今では七万五〇〇〇ドルになっているが、これまで株主に配当金を支払ったことはない。こうした株価の上昇は、利益の内部留保による企業価値の向上によってもたらされたのである。バフェット流の初期投資リターンの考え方を具体的に示すと、例えばH&Rブロックの二〇〇〇年のEPSは二・五七ドル、株価は三〇ドルだったので、この値段で同社株を購入したときの初期投資リターンは八・六％（二・五七÷三〇＝八・六％）となる。またバフェットが同年に投資したヤム・ブランズ株は二四ドル、EPSは二・七七ドルだったので、初期投資リターンは一一・五％（二・七七÷二四＝一一・五％）である。

バフェット流投資法の考え方によれば、H&Rブロック株の八・六％という初期投資リターンは同社の社債を購入したときの利回りである。しかし、同社のEPSは七・六％で伸び続けると予想されるため、この社債の利回りは一年目の八・六％から二年目には九・一％、三年目には九・八％、四年目には一〇・五％と年を追うごとに高くなっていく（バフェットが二八年間も保有するワシントン・ポスト株などは、二〇〇〇年の投資リターンは一一六％にも達する。こうした持続的な競争力を持つ企業の株式は長期にわたって保有するほど、その投資リターンは向上していく）。ここでもう一度繰り返すと、株式投資のリターンを決定するのはその株式の買値である。買値が高いと投資リターンは低く、逆に安く買うほどリターンは高くなる。大きなリターンを狙うには、できるだけ安く株式を仕込むことである。

方程式二のポイント

- バフェットは、EPSに保有株数を乗じたものが株式投資の利益であるという独自の考え方をしている。EPSが五ドルの株式を一〇〇株購入すれば、その投資利益は五〇〇ドル（五×一〇〇＝五〇〇ドル）となる。
- バフェットの考えによれば、EPSが五ドルの株式を二五ドルで購入したときの初期投資リターンは二〇％（五÷二五＝二〇％）となる。

●株式投資のリターンを決定するのは、その株式の買値である。

方程式三　EPS成長率

株式投資のリターンを決定するのは、その企業のEPSを成長させる経営陣の能力である。EPSを成長させるには内部留保利益を再投資し、それを反映した企業価値の向上が株価を押し上げる。EPSが伸びているかどうかを確認するには、直近一〇年間と五年間のEPS成長率を見るのが最も簡単である。それらは長期と短期のEPS成長率を表しており、これによってその企業の長期と短期のパフォーマンスが一致しているかなどを確認できる。以下ではその具体例を示そう。

次ページの表は全米一の新聞社であるガネットのEPSの推移を示したもので、金融電卓を使ってこの一〇年間と直近五年間のEPS成長率を計算してみよう。基準年である一九九〇年のEPSが一・一八ドル、一〇年後の二〇〇〇年のEPSが三・七〇ドルであるため、PV＝一・一八、FV＝三・七〇、N＝一〇と金融電卓に入力し、CPT・％iキーを押すと一二・一％という過去一〇年間のEPS年成長率が求められる。同じようにPV＝一・七一、FV＝三・七〇、N＝五と入力してCPT・％iキーを押すと、一六・六％という直近五年間（一九九五～二〇〇〇年）のEPS成長率が得られる。この二つのデータを見ると、過去一〇年間よ

1990～2000年のガネットのEPS推移

年	EPS
1990	1.18ドル（PV＝基準年）
1991	1.00
1992	1.20
1993	1.36
1994	1.62
1995	1.71
1996	1.89
1997	2.50
1998	2.86
1999	3.30
2000	3.70（FV＝予想対象年）

りも直近五年間にＥＰＳが大きく成長しているのが分かる。こうした最近のＥＰＳの高成長をもたらしたものは何か。自社株買い、有望な新しい事業への進出、それとも単に広告収入が伸びた結果なのか。

減益や赤字年の取り扱い

次の二社のように、長期にわたりＥＰＳが安定して伸びてきたあとに、突然大幅な減益または赤字になったときはどのように考えるべきなのか。二〇〇〇年の業績悪化は例外的なものだと判断すれば、このデータを除外してＥＰＳの成長率を計算する。ＰＶ＝〇・九五、ＦＶ＝二・七〇、Ｎ＝一〇と入力してＣＰＴ・％ｉキーを押すとＥＰＳ成長率は約一一％となる。この計算では二〇〇〇年の業績悪化は事業の構造的な

	企業1 持続的な競争力を持つ企業	企業2 持続的な競争力を持つ企業
年	EPS	EPS
1989	0.95ドル（PV＝基準年）	0.95ドル（PV＝基準年）
1990	1.07	1.07
1991	1.16	1.16
1992	1.28	1.28
1993	1.42	1.42
1994	1.64	1.64
1995	1.60	1.60
1996	1.90	1.90
1997	2.39	2.39
1998	2.43	2.43
1999	2.70（FV＝予想対象年）	2.70（FV＝予想対象年）
2000	0.48（この年は除外）	－1.43（この年は除外）

変化が原因ではなく、克服可能な一時的状況であるという判断に基づいている。

EPS成長率のワークシート

持続的な競争力を持つ企業を見つけたら、次ページのワークシートを使ってそのEPS成長率を計算してみよう。例えば、直近五年間のEPS成長率を知りたいときは、金融電卓にPV＝一九九五年のEPS、FV＝二〇〇〇年のEPS、N＝五と入力してCPT・%iキーを押す。

年		EPS	
1990		＿＿＿	（PV ＝基準年）
1991	1年後	＿＿＿	
1992	2年後	＿＿＿	
1993	3年後	＿＿＿	
1994	4年後	＿＿＿	
1995	5年後	＿＿＿	
1996	6年後	＿＿＿	
1997	7年後	＿＿＿	
1998	8年後	＿＿＿	
1999	9年後	＿＿＿	
2000	10年後	＿＿＿	（FV ＝予想対象年）

この10年間のEPS年成長率を知りたいときは金融電卓にPV＝1990年のEPS、FV＝2000年のEPS、N＝10と入力してCPT・%iキーを押す

方程式三のポイント

●株価を上昇させるのは、ＥＰＳを成長させる経営陣の能力である。
●ＥＰＳを成長させるには、内部留保利益を再投資してさらに利益を伸ばす。
●ＥＰＳが成長すれば、株式市場はそれを評価してその企業の株価を上昇させる。

方程式四　国債に対する株式の相対価値

バフェットによれば、あらゆる投資対象のリターンを比較す

ることが大切であり、そのときの基準となるのが国債の利回りである。国債利回りに対する株式のリターンを求めるには、その株式のEPSを国債の利回りで割ればよい。例えば、バフェットが二〇〇〇年に購入したH&RブロックのEPSは二・七七ドルだったので、それを国債利回り（約六％）で割るとその相対価値は四六・一六ドルとなる（二・七七ドル÷〇・〇六＝四六・一六ドル）。これは四六・一六ドルで同社株を購入すると、国債利回りと同じ六％の投資リターンが得られるという意味である。バフェットは二〇〇〇年にH&Rブロック株を国債に対する相対価値（四六・一六ドル）以下の二四ドルで購入したので、その初期投資リターンは国債利回り（六％）を大幅に上回る一一・五％となった。この二つの投資のどちらが有利なのかは言うまでもないだろう。もちろん、どちらにも投資しないという選択肢もあるが、どちらか一方を選ばなければならないとしたら、H&Rブロック株への投資を選ぶだろう（ちなみに、同社のEPSは一九九〇～二〇〇〇年に年七・六％のペースで成長している）。

次にH&Rブロックへの投資に気乗りしなかったので、住宅用家具の最大手メーカーであるファニチャー・ブランズ・インターナショナル（FBI）株を購入したとしよう。二〇〇〇年の同社のEPSは一・九二ドル、株価は一四ドルだったので、その初期投資リターンは一三・七％となる（一・九二÷一四＝一三・七％）。同社のEPS年成長率は二八％であるため、その投資リターンも毎年二八％のペースで上昇していく。こんなに素晴らしい投資対象があるだろうか。

多くの証券アナリストはＥＰＳを国債利回りで割った値を、その株式の本質的価値と呼んでいるが、それが意味するものは国債に対するその株式の相対価値と同じである。これは将来の利益を現在価値に割り引いてその企業の本質的価値とする、という考え方と基本的に同じである。国債利回りを割引率として使うことによって、その株式の国債に対する割引現在価値が求められる。もっとも、国債の利回りは税引き前のリターンであるが、ＥＰＳは税引き後利益であるという問題もある。この点を考慮しないでこの二つの値を比較してリターンの計算をするのは不適当であるという意見もあるが、いろいろな投資対象のリターンを簡単に比較できるというこの方法のメリットを損なうほどのものではないだろう。

方程式四のポイント

●すべての投資対象のリターンを比較することが大切である。
●最も安全な投資対象は国債である。
●リターン比較の基準となるのは国債の利回りである。
●ビジネスの視点に立った株式投資とは、国債に対するその株式の相対価値に基づく投資である。

国債に対する各株式の相対価値のワークシート

	企業名	EPS		国債利回り		国債に対する相対価値	現在の株価
1.			÷		=		
2.			÷		=		
3.			÷		=		
4.			÷		=		
5.			÷		=		

方程式五　EPS成長率による予想株価とリターン

ヒストリカルなEPS成長率に基づいて企業の将来の株価を予測することは可能である。例えば、大手新聞社であるガネットのEPSは一九八〇～一九九〇年に安定成長していたので、そこから一九九〇～二〇〇〇年のEPS成長率と二〇〇〇年の株価範囲も予想できる。これによって一九九〇年にガネット株を購入し、二〇〇〇年に売却したときの年複利リターンも計算できるだろう。

二〇〇〇年の予想EPS

ガネットのEPSは一九八〇～一九九〇年に〇・四七ドルから一・一八ドルに上昇し、EPS年成長率は九・六％となった。このEPS成長率が一九九〇～二〇〇〇年も続くとすれば、二〇〇〇年の予想EPSは二・九五ドルとなる（金融電卓にPV

＝一・一八、N＝一〇、％i＝九・六と入力して、CPT・FVキーを押すと二・九五ドルと表示される)。

二〇〇〇年の予想株価

ガネット株は一九八〇～一九九〇年に一一・五～二三倍のPER（株価収益率）で取引されたので、平均PERは一七・五倍となる。これに二〇〇〇年の予想EPSである二・九五ドルを掛けると、同年の予想株価は五一・六二ドルとなる（二・九五ドル×一七・五倍＝五一・六二ドル)。

一九九〇～二〇〇〇年のガネット株の予想複利リターン

ウォール・ストリート・ジャーナル紙によれば、一九九〇年のガネット株は一四・八〇ドルだったので、金融電卓にPV＝一四・八〇、FV＝五一・六二、N＝一〇と入力し、CPT・％iキーを押すと一三・三％という年複利リターンが求められる。これは一九九〇年にガネット株を一四・八〇ドルで購入し、一〇年間保有したときの年率リターンが一三・三％であるという意味である。

次に一九九〇年に同社株を一四・八〇ドルで購入したが、二〇〇〇年の予想EPSが二・九五ドルを上回る三・六三ドルに達したと仮定しよう。これによる二〇〇〇年の予想株価は五一・六二ドルではなく五三～七〇ドルとなる。同年に五三ドルで保有株を売却したとすれば、一九九〇年に一四・八〇ドルで購入したガネット株の年複利リターンは一三・六％、七〇ドルの最高値で売却したとすれば一六・八％となる（一九九〇年に一四・八〇ドルのガネット株に一〇万ドル投資し、複利リターンが一六・八％だったとすれば、投資資金は二〇〇〇年に四七万二五二八ドルとなる）。

しかし、多くのバフェット研究者が書いているように、実際の彼はこれほど詳しく将来の株価を予想したり、グレアムのように有利なPERを計算して投資していたわけではない。バフェットはガネット株をXドルで購入したとき、この企業の基本的な経済価値が今後も続くとすれば、一〇年間保有したときの年複利リターンはいくらになるのかと考えただけである。バフェットはその予想複利リターンをほかの投資対象の利回りと比較し、それがインフレ率を上回っていれば良しとしたのである。こうした基準によって株式を購入したあとは、日々の株価の動きには目もくれなかった。彼の関心事は長期の複利リターンがいくらになるのかということだけである。その企業の基本的な経済価値が向上すれば、株式市場は必ずそれを株価に反映させることを知っていたからである。

方程式五のポイント

- 持続的な競争力を持つ企業であれば、ヒストリカルなＥＰＳ成長率から将来の株価を予想することは可能である。
- バフェットは将来の株価を詳しく予想して投資していたわけではない。
- 彼のしたことは、この株式をＸドルで購入したとき、その企業の基本的な経済価値が今後も続くとすれば、一〇年間保有したときの複利リターンはいくらになるのかと考えただけである。
- 彼はその予想複利リターンをほかの投資対象の利回りと比較した。
- こうしたやり方によって株式を購入したあと、日々の株価の動きには目もくれなかった。

方程式六　ＲＯＥが高く安定している企業

バフェットの考え方によれば、持続的な競争力を持つ企業は安定した利益を上げており、その株式は債券のようなものである。彼はそうした株式を「疑似債券」と呼んだ。ROE（株主資本利益率）は表面利率に相当し、実質利回りを決定するのはEPS（一株当たり利益）である。例えば、ある企業のBPS（一株当たり株主資本）が一〇ドル、EPSが二・五〇ドルであるとすれば、その疑似債券（株式）の投資リターンは二五％となる（二・五〇÷一〇＝二五％）。もちろん、企業の利益は毎年変動するので、その株式の投資リターンも債券のようには確定していない。利回りが変動するこうした疑似債券を購入したときは、増益の年には投資リターンは向上するが、減益の年には低下する。株主資本に対する利益率が変化するからである。

バフェットが高く安定しているROEの企業を探す理由について、もう少し詳しく説明しよう。株主資本とは総資産－総負債で表されるが、これは住宅を購入したときの自己資金に相当する。例えば、二〇万ドルで賃貸用住宅を購入したとき、自分で賄った資金が五万ドル、銀行からの借り入れが一五万ドルであるとすれば、自己資金は五万ドルである。この賃貸用住宅から得られた収入から住宅ローンの元利返済額や税金を差し引いた正味利益が五〇〇〇ドルであるとすれば、自己資金に対する純利益率、すなわちROEは一〇％となる（五〇〇〇÷五〇〇〇〇＝一〇％）。

一方、あなたが二つの会社のオーナーであると仮定して、資産一〇〇〇万ドル、負債四〇〇万ドル、株主資本六〇〇万ドルのA社が一九八万ドルの純利益を上げたとき、そのROEは三三％となる（一九八万ドル÷六〇〇万ドル＝三三％）。つまり、六〇〇万ドルの株主資本に対する利益率は三三％である（バフェット流に言えば、この疑似債券の投資リターンは三三％である）。一方、B社はA社と同じ資本構成であるが、純利益がわずか四八万ドルであったとすれば、そのROEは八％となる（四八万ドル÷六〇〇万ドル＝八％）。両社は同じ資本構成であるが、A社のROEはB社の四倍であり、A社のほうが優良企業であるのは明らかである。両社の経営陣はともに優秀であるが、そのROEにはこれほどの差が出ており、投資するとすればもちろんA社であろう。

A社のオーナーであるあなたは期末に、純利益の一九八万ドルを配当して受け取ってもよいし、この三三％の投資リターンをすべて内部留保してもよい。そのどちらを選ぶのかはあなたの自由であるが、資産を増やすという意味では後者のほうが賢明であろう。一方、B社についても四八万ドルの配当を受け取る、または八％の投資リターンを内部留保するという二つの選択肢があるが、その答えはA社のときほど単純ではない。しかし、B社の純利益を配当金として受け取り、それをA社に投資するという選択肢は当然考えられる。八％の投資リターンを三三％にしようというのは賢明な方法である。

バフェットが高く安定しているROEの企業を探すのはこうした理由からであるが、高ROEの企業が富を創造するまでにはもう少し段階を踏まなければならないので、この問題については少し詳しく見ていこう。次にあなたはA社とB社のオーナーではなく、企業を丸ごと買いたい投資家として両社のオーナーに二社の買収を申し入れたとする。ここですべての投資対象

	A社	B社
資産	1000万ドル	1000万ドル
負債	400万ドル	400万ドル
株主資本	600万ドル	600万ドル
純利益	1,980,000ドル	480,000ドル
ROE	33%	8%

の利回りを比較することが大切であり、そのときの基準となるのが最も安全な国債の利回りであるとするバフェット流の投資基準をもう一度思い出してほしい。というのは、「金利が上昇すれば株価は下落し、逆に金利が低下すれば株価は上昇する」からである。株式投資による一〇％のリターンは五％の国債利回りよりも有利であるが、国債利回りが一二％に上昇すれば両者の優劣は逆転する。

こうしたことを念頭に置き、オーナーがこの二社を売却し、その利益を国債に投資しようと考えたとする。こうすれば、企業経営の煩わしさから解放されるし、企業を経営していたときと同じ利益が得られるならば願ってもないことである。このときの国債利回りが八％として、この問題を考えていこう。まずA社は一九八万ドルの純利益を上げているので、これと同じ利息収入を得るには二四七五万ドルの国債を購入しなければならない（一九八万ドル÷二四七五万ドル＝八％）。そこでオーナーは二四七五万ドルであればA社の売却に応じると返答した。この売却額は六〇〇万ドルの株主資本の約四倍、純利益の一二・五倍である。一方、B社の純利益は四八万ドルであり、これと同じ利息収入を得るには六〇〇万ドルの国債を購入すればよい（四八万ドル÷六〇〇万ドル＝八％）。B社のこの売却額は株主資本の一倍、純利益の一二・五倍の金額である。

両社の資本構成は同じであるが、国債利回りと同じ八％の初期投資リターンを得るのにA社の場合は二四七五万ドル、B社は六〇〇万ドルとかなりの開きがある。あなたはどちらの企業を買収したらよいのだろうか。これに対するバフェットの考え方を紹介すると、彼は投資した翌年の利益のことは考えていない。バフェットが考えているのは、「その企業が一〇年後にどれだけの利益を上げるのか」ということである。近視眼の株式市場は今の状況しか見ていないが、バフェットにとって持続的な競争力を持つ企業を探し、それが大きな複利リターンを生み出すのはかなり先のことである。彼が持続的な競争力を持ち、高く安定したROEの企業にこだわるのはこうした理由からである。彼がB社よりもA社を選ぶのは、毎年三三％という大きな利益が株主資本に積み上げられていくからである。つまり、彼にとって毎年膨らみ続ける株主資本が投資する企業の必要条件である。

A社の場合、株主資本は毎年三三％ずつ積み上がっている。その株主資本は一一年目の初めには一億〇三九一万二四七〇ドル、積み上がった留保利益は三四二九万一一一五ドルに達する。国債投資によってこれと同じ利息収入を得るには、利率八％の国債を四億二九〇〇万ドルも購入しなければならない。もしもA社を二四七五万ドルで買収し、一一年目の初めに売却すれば、

A社

経過年	株主資本	ROE	累積純利益（翌年の株主資本に加算される留保利益）
1	6,000,000 ドル	33%	1,980,000
2	7,980,000	33	2,633,400
3	10,613,400	33	3,502,422
4	14,115,822	33	4,658,221
5	18,774,043	33	6,195,434
6	24,960,478	33	8,239,927
7	33,209,405	33	10,959,104
8	44,168,509	33	14,575,608
9	58,744,117	33	19,385,559
10	78,129,675	33	25,782,793
11	103,912,470	33	34,291,115

毎年三三％の複利リターンを手にすることができる。一方、B社のROEは毎年八％しか増えていかず、一一年目初めの株主資本は一二九五万三五五〇ドル、留保利益の累積額は一〇三万六二八四ドルにとどまっている。これと同じ利息収入を得るには利率八％の国債を一二九五万ドル購入するだけでよい。もっとも、この金額をすべてB社に投資したとしても、毎年八％の複利リターンしか手にできない。

ところで、あなたの投資資金が六一八万七五〇〇ドルに限られているとしたら、①A社の二五％の株式を購入する、②B社を丸ごと買い取る――のどちらを選ぶだろうか。バフェットであれば迷うことなく前者を選ぶだろう。この資金でA社

B社

経過年	株主資本	ROE	累積純利益（翌年の株主資本に加算される留保利益）
1	6,000,000ドル	8%	480,000
2	6,480,000	8	518,000
3	6,998,400	8	559,872
4	7,558,272	8	604,662
5	8,162,934	8	635,035
6	8,815,969	8	705,278
7	9,521,247	8	761,700
8	10,282,947	8	822,636
9	11,105,582	8	888,447
10	11,994,028	8	959,522
11	12,953,550	8	1,036,284

の二五％の株式を購入し、それを一一年目の初めに売却すると手にする金額は一億〇七〇〇万ドル、その複利リターンは三三％である。

純利益の一二・五倍に当たる二四七五万ドルでA社を買収して、今後一〇年間に三三％の複利リターンを手にできるとすればかなり有利な買い物である。しかし、実際にA社を買収するにはそれ以上の資金が必要となるが、問題はどの程度までなら妥当かということである。

まず、純利益の一二・五倍ではなく、三〇倍の五九四〇万ドルでA社を買収するとしよう。このときも一一年目初めの売却額は三四二九万一一一五ドルの一二・五倍に当たる四億二八六三万八九三七ドルであるため、一〇年間の複利リターンは二一・八％となる。次に純利益の四〇倍に当たる七九二〇万ドルで買収した場合、やはり一〇年後の売却額は同じ四億二八六三万八九三七ドルであるため、その年複利リターンは一八・三％となる。二四七五万ドルで買収したときの複利リターンよりもかなり低くなるが、それでも多くのファンドマネジャーにとっては夢のようなハイリターンである。

　ここでとりわけ重要なポイントを指摘しておきたい。それは「持続的な競争力を持ち、ＲＯＥが高く安定している企業は、ＰＥＲから見て割高に思われる株価水準でも買い得であることが少なくない」という投資の秘訣をバフェットが知っていたことである。これについては、「それは理論上だけのことで、現実にはあり得ないことだ。株式市場は効率的なので、株価はその企業価値を反映したものとなる」という反論もあるだろう。

　そこでひとつの実例を紹介する。一九九三年当時、医薬大手のブリストル・マイヤーズ・スクイブは三五％という高く安定したＲＯＥを維持していた。この年に一〇万ドルを同社株に投資したとすれば、八年後の二〇〇一年にその価値は五三万八〇〇〇ドル、年複利リターンは二三％となった（この期間中の受取配当の約三万七〇〇〇ドルを加えると複利リターンは二四％となる）。一八八七年の創業以来、同じ事業を営んできた企業が八年間で二四％もの複利リターンを上げられるのである。これこそが持続的な競争力を持つ企業のすごさである。バフェットはその持続的な競争力と高く安定しているＲＯＥに注目して、同社の株式を九五万七二〇〇株購入した。その後に起こったのは投資の世界における伝説であり、株式投資による大富豪の誕生の物語である。

方程式六のポイント

●バフェットは、株式は一種の債券であり、その利回りを決定するのはEPSであると考えている。
●企業の利益は年によって変動するので、この疑似債券（株式）のリターンは債券の利回りのように確定していない。
●EPSが増加すればこの疑似債券のリターンは上昇するが、EPSが減少すればリターンは低下する。
●バフェットにとって大切なことは、利益成長によってその企業の株主資本が毎年積み上がっていくことである。

方程式七　予想複利リターン・パート1（BPSに基づく予想）

バフェットは持続的な競争力を持つ企業を見つけると、その将来の予想複利リターンを計算する。そして株価が下落して投資リターンが魅力的な水準になると、その株式を購入し始める。そうした買いのチャンスはたいていは悪材料現象によってもたらされる。一方、株価が上昇して予想リターンが低下すると、そうした企業への投資は見送る。株価が大きく値下がりして将来の投資リターンが有利な水準にならないかぎり、バフェットは持続的な競争力を持つ企業といえどもけっして手を出さない。こうした将来の有利な複利リターンこそが彼の株式投資にとって第一の条件である（以下ではその計算法を紹介する）。しかし、こうした投資条件の方程式も数多く存在する企業収益力のひとつの評価法にすぎず、それぞれの評価法は視点が少しずつ異なっている。いずれにせよ、将来の投資リターンを正確に予想するには、その企業の収益力を正しく評価することが重要な前提となる。

バフェットは、企業の本質的価値とはその企業が将来に生み出すすべての利益を国債利回りで割り引いた現在価値であると定義している。これはジョン・バー・ウィリアムズの『ザ・セオリー・オブ・インベストメント・バリュー（The Theory of Investment Value）』（パンローリングより近刊予定）に基づく考え方であり、ウィリアムズの定義もロバート・F・ワイエスが一九三〇年九月八日号のバロンズ誌に発表した「将来価値に基づく投資（Investing for Future Values）」と題する論文によっている。ワイエスはこの論文のなかで、「株式または債券を問わず、すべての証券の適正価格とは、その証券から将来に得られるすべての収入を現在の金利で割り引いた現在価値である」と定義している（おもしろいことにウィリアムズとワイエスは、その企業の将来の利益ではなく、支払われた配当の合計を割引現在価値のベースとしている。これに対し、バフェットは配当または内部留保のいずれを問わず、将来のすべての利益を計算の基礎としている)。

もっとも、いくら将来の利益を予想するとはいっても、企業の一〇〇年先の利益を予想することなどは不可能である。試してみるのは自由だが、現実にはいろいろな構造的変化がその企業の存立基盤を揺るがせたり、事業の刷新を迫ったりするものである。例えば、テレビ放送業界も一九四〇年代には経済全体から見ればちっぽけな存在だったが、一九六〇～一九七〇年代には時代の花形産業となり、最終的にはわずか三チャンネルにまで寡占化が進んだ。これを見たバフェットは一九八〇年代初めに、「もしもひとつの企業に投資して、無人島で一〇年間過ごさなければならないとしたら、私は迷うことなくキャピタル・シティーズに投資する」と言ったものである。

しかし、バフェットによれば、二〇世紀の終わりまでにテレビ業界はかつての面影をすっかりなくしてしまった。今では何十チャンネルものテレビ局が広告収入を奪い合い、さらにインターネットとも視聴者の争奪戦を繰り広げている。歴史を振り返ると、あのメディチ、クルップ、ロスチャイルド、ウィンチェスター、ロックフェラーの一族といえども、永遠に繁栄することはなかった。かつての三大ネットワークと同じように、いかなる産業の圧倒的な支配力も技術革新や政府の規制などによって突然崩れることも珍しくない。五〇〇年の長きにわたって栄華を極めたベネチアのメディチ一族も、オランダ人の船乗りがアフリカ南端の航路を開くに及んで、オリエントとの独占的な貿易権益を失ってしまった。歴史はときに繰り返すことはあっても、すべては変化していく。新しい富を求めて未知の大海に乗り出す勇者はあとを絶たず、栄光は彼らに微笑みかける。

このように五〇〜一〇〇年先の企業の利益を予想したり、それを現在価値に割り引いたりするのはあまり意味がない。変数があまりにも多すぎるからだ。これについてはグレアムも、企業の利益が一定のペースで成長しているときでも、将来に生み出されるすべての利益を現在価値に割り引くというのは愚かな試みであると述べている。彼によれば、「成長し続ける企業の収益力を現在価値に換算する正確な計算法は存在しない」（一九五一年刊の『証券分析』第三版）。

こうした問題について、将来の利益を二つの期間に分け、最初の期間には高い成長率を、二番目の期間には低い成長率を当てはめて計算するアナリストもいる。しかし、ウィリアムズも述べているように、将来利益の現在割引価値を計算するときに利益成長率がベースとなる金利よりも低くなれば、企業の利益成長がずっと続いても適正な予想株価を計算することはできない（ウィリアムズの前掲書）。このほか、割引率の問題もある。もしも割引率に国債利回りを使うと、金利が変動すれば株式の評価が変わってしまう。つまり、金利が上昇すると評価額は低下し、逆に金利が低下すると評価額は上昇する。割引率に国債利回りを使うことのもうひとつの問題点は、国債の利回りが税引き前のリターンであることだ。例えば、八％の利回りとはいっても、投資家が実際に手にするのは五・五二％の税引き後のリターンである。これに対し、現在価値に割り引かれる企業の将来利益は税引き後の純利益であり、（配当として支払われないかぎり）将来の八％の予想利益は文字どおり八％のリターンを意味する。

一方、バフェットはヒストリカルなROE（株主資本利益率）から配当性向を差し引いた値をベースとして、今後一〇年間のその企業のBPS（一株当たり株主資本）を予想する。次にこの一〇年後のBPSに予想ROEを掛けて一〇年後のEPS（一株当たり利益）を求め、ここから将来の株価を予想する。こうして予想株価と現在の株価が分かれば、将来の複利リターンを推計できる。この予想複利リターンを同等のリスクを持つほかの投資対象と比較したり、それがインフレ率を上回っているかなどを見極めて最終的な投資判断を下す。

バークシャー・ハサウェイを例に具体的に見てみよう。同社の一九八六年のBPSは二〇七三ドルで、一九六四～一九八六年の年平均BPS成長率は二三・三％だった。ここから一四年後の二〇〇〇年の予想BPSを金融電卓で計算すると、PV＝二〇七三、％i＝二三・三、N＝一四と入力し、CPT・FVキーを押すと三万八九一一ドルという数値が得られる。それでは二〇〇〇年の予想株価をこのBPSと等しい三万八九一一ドルとすれば、一九八六年のバークシャーの妥当株価はいくらになるのだろうか。この場合に問題となるのは、期待する投資リターンをいくらにするのかである。バフェットであれば最低でも一五％は要求するだろう。そこで割引率を一五％として、二〇〇〇年の予想株価三万八九一一ドルを現在価値に割り引いてみよう。金融電卓にＦＶ＝三八九一一、％ｉ＝一五、Ｎ＝一四と入力し、ＣＰＴ・ＰＶキーを押すと五四九九ドルという株価が求められる。これは一九八六年にバークシャー株を五四九九ドルで購入すれば、二〇〇〇年までの一四年間に毎年一五％の複利リターンが得られるという意味である。一九八六年の新聞を見ると、当時のバークシャー株は約二七〇〇ドルで推移しており、この値段で購入したとすれば一五％よりもかなり高いリターンが得られる。そこでＰＶ＝二七〇〇、ＦＶ＝三八九一一、Ｎ＝一四と入力し、ＣＰＴ・％ｉキーを押すと二〇・九％という年複利リターンとなる。

実際にはバークシャーのＢＰＳは二〇〇〇年までに、年率約二三・六％の成長を遂げて四万〇四四二ドルとなった。そして二〇〇〇年のバークシャー株は高値で七万一三〇〇ドル、安値で四万〇八〇〇ドルの水準まで上昇した。同社株を一九八六年に二七〇〇ドルで買い、二〇〇〇年に七万一三〇〇ドルで売却したとすれば、この一四年間の（税引き前）年複利リターンは二六・三九％となる（ＰＶ＝二七〇〇、ＦＶ＝七一三〇〇、Ｎ＝一四と入力し、ＣＰＴ・％ｉキーを押すと二六・三九％となる）。また安値の四万〇八〇〇ドルで売却したとしても複利リターンは二一・四％である。

それでは二〇〇〇年にバークシャー株を七万一三〇〇ドルで購入し、一〇年間保有したときの複利リターンはどれくらいになるのだろうか。二〇〇〇年の同社のＢＰＳは約四万〇四四二ドル、過去二五年間のＢＰＳ平均成長率は約二三・六％だった。これらの数字から二〇一〇年のＢＰＳを予想すると三三万六五二四ドルとなる。二〇一〇年の予想株価をこのＢＰＳと同じだとして、二〇〇〇年に七万一三〇〇ドルでバークシャー株を買ったときの今後一〇年間の複利リターンはいくらになるのだろうか。ＰＶ＝七一三〇〇、ＦＶ＝三三六五二四、Ｎ＝一〇と入力し、ＣＰＴ・％ｉキーを押すと一六・七％という年複利リターンが得られる。これは過去の投資リターンに比べるとそれほど見栄えのするものではない。つまり、七万一三〇〇ドルという株価はビジネスの視点に立った投資という点に照らせば、もはや割安な水準とは言えないようだ。

もちろん、二〇一〇年までに株式ブームが起こってバークシャー株がＢＰＳを大きく上回る水準まで買われることもなくはない。そうなれば二〇〇〇年に同社株を購入した投資家はラッキーである。しかし、やはり現実的に見ると七万一三〇〇ドルの高値で購入すれば、その複利リターンは一六・七％にとどまるだろう。株価は短期的に大きく変動することもあるが、最終的にはその企業の長期的な収益力を反映した水準に落ち着くからである。株式投資のリターンは購入する株価によって決まるというバフェットの投資原則を思い出してほしい。二〇〇〇年の安値四万〇八〇〇ドルで購入し、二〇一〇年に三三万六五二四ドルで売却すれば、この一〇年間の複利リターンは二三・四％になる。これは七万一三〇〇ドルの高値で買ったときの複利リターン（一六・七％）に比べるとかなり魅力的な数字である。バークシャー株についても、やはり安く買えば投資リターンは上昇する（その逆も同じ）という原則は当てはまるのである。

一方、バークシャーが二三・六％というこれまでのＢＰＳ成長率を維持できず、一五％ほどに伸び率が鈍化したらどうだろうか。二〇〇〇年のＢＰＳが四万〇四四二ドルなのでＢＰＳ年成長率を一五％とすれば、二〇一〇年のＢＰＳは一六万三六一〇ドルとなる。もしも二〇〇〇年にバークシャー株を四万〇八〇〇ドルで購入し、二〇一〇年に一六万三六一〇ドルで売却したとすれば、年複利リターンは一四・八％とかなり低くなる。高値の七万一三〇〇ドルで買ったとすれば、投資リターンはわずか八・六％にすぎない。この程度のリターンではとても魅力的な投資とは言えないだろう。

もっとも、過去二五年間のバークシャー株がＢＰＳの一～二倍で推移してきたことを考えると、もっと高めの複利リターンを期待してもよいかもしれない。二〇一〇年の株価をＢＰＳの二倍と予想すれば、投資リターンは先の予想数字よりもかなり高くなるだろう。すなわち、バークシャーのＢＰＳが年二三・六％で成長し、二〇一〇年の株価が予想ＢＰＳ（三三万六五二四ドル）の二倍に当たる六七万三〇四八ドルを付けたとすれば、二〇〇〇年に四万〇八〇〇ドルで同社株を購入し、その値段で売却したときの複利リターンは三二・三％となる。もちろん、これはベストのシナリオである。取得価格が四万〇八〇〇ドルという安値に加えて、ＢＰＳは二三・六％という高成長を続け、さらに二〇一〇年の株価は歴史的な高水準というまさにできすぎた前提に立ったケースである。

バークシャーの予想株価のワークシート

次の表はバークシャーのＢＰＳ（一株当たり株主資本）が年率一五％で上昇し、株価はＢＰＳの一・五倍の水準にあると仮定したときのワークシートである。それによれば、同社株を二〇〇〇年の安値四万〇八〇〇ドルで購入し、二〇一〇年に二四万五四一五ドルで売却したときの複利リターンは一九・七％、高値七万一三〇〇ドルで購入したときのリターンは一三・二％となる。

方程式七のポイント

- ●成長し続ける将来のすべての利益を現在価値に割り引くことはできない。
- ●五〇年以上先の企業の利益を予想することはできない。
- ●企業の利益を予想できるのは今から一〇年間ほどである。

方程式八　予想複利リターン・パート2（EPSに基づく予想）

方程式七では将来の予想ＢＰＳ（一株当たり株主資本）に基づいてバークシャー・ハサウェ

年		BPS
00		40,442 ドル（PV ＝基準年）
01	1 年後	＿＿＿＿
02	2 年後	＿＿＿＿
03	3 年後	＿＿＿＿
04	4 年後	＿＿＿＿
05	5 年後	＿＿＿＿
06	6 年後	＿＿＿＿
07	7 年後	＿＿＿＿
08	8 年後	＿＿＿＿
09	9 年後	＿＿＿＿
10	10 年後	163,610 ドル（FV ＝予想対象年）
		（バークシャーの予想株価＝ FV × 1.5 ＝ 245,415 ドル）

金融電卓でバークシャーの 10 年後の株価を予想すると、PV ＝ 40442、％ i ＝ 15、N ＝ 10 と入力して CPT・FV キーを押すと 2010 年の PBR は 16 万 3610 ドルとなり、この数字を 1.5 倍した 24 万 5415 ドルが予想株価となる

イの予想株価を計算し、そこから同社株を購入したときの複利リターンを予想した。ここでは将来の予想ＥＰＳ（一株当たり利益）に基づく予想株価をベースとした複利リターンの計算法を紹介しよう。バークシャーが実際に投資した世界屈指の大手製薬会社ブリストル・マイヤーズ・スクイブを例にとって検討する。

ブリストル・マイヤーズ・スクイブ（一九九三年）

バフェットは自らの疑似債券への投資基準に基づき、一九九九

三年にバークシャー・ハサウェイを通じてブリストル・マイヤーズ株九五万七二〇〇株を購入した。平均取得価格は一株当たり一三ドル、投資総額は一二四四万三六〇〇ドルだった。当時のブリストルのBPSは二・九〇ドル、EPSは一・一〇ドルだったので、ROE（株主資本利益率）は三七・九％となった（一・一〇÷二・九〇＝三七・九％）。同社は利益の三五％を内部留保し、残りの六五％を配当として支払っていた（同社のすべてのヒストリカルな数字は、二〇〇一年の株式分割による影響を調整した数字である）。バフェットの疑似債券への投資基準によれば、額面が二・九〇ドルのブリストル株の利回りは三七・九％となる。

バフェットはこの疑似債券の利回りを二つに分けて考える。そのひとつはROEの三五％を占める内部留保の部分（一・一〇ドルのEPSのうちの〇・三八ドル）で、税引き後のこの利益は非課税である。もうひとつは配当として支払われる残りの六五％の利益（一・一〇ドルのEPSの残り〇・七二ドル）で、これは個人所得税や法人税の対象となる。すなわち、三七・九％のROEのうちの一三・二五％分（三七・九％×〇・三五＝一三・二五％）は内部留保利益として翌年の株主資本に追加され、残りの二四・六五％分（三七・九％×〇・六五＝二四・六五％）は配当として株主に支払われる。

ブリストル・マイヤーズが今後一〇年間もこの三七・九％というROEを維持し、また内部留保と配当の分配比率も変わらないと仮定したとき、同社の一〇年後のBPSとEPSを予想してみよう。まずBPSであるが、これは三七・九％のROEの三五％に当たる一三・二五％

分を毎年成長させていけばよい。例えば、一九九三年のBPSが二・九〇ドルであれば、それから一三・二五％成長した翌年のBPSは三・二八ドルとなる（二・九〇ドル×一・一三二五＝三・二八ドル）（これを金融電卓で計算すると、PV＝二・九〇、％i＝一三・二五、N＝一と入力してCPT・FVキーを押す。さらに一〇年後のBPSを知りたいときは、PV＝二・九〇、％i＝一三・二五、N＝一〇と入力してCPT・FVキーを押すと、一〇・〇六ドルという二〇〇三年の予想BPSが表示される）。次にこの予想BPSにROEの三七・九％を掛けると予想EPSが求められる（BPS×ROE＝EPS）。例えば、一九九三年のEPSは二・九〇ドル×〇・三七九＝一・一〇ドルとなり、これと同じように計算すると二〇〇三年の予想EPSは一〇・〇六ドル×〇・三七九＝三・八一ドルとなる。

次ページの表は、一九九三～二〇〇三年の一〇年間にわたるブリストル・マイヤーズの予想BPSとEPSを表したものである。一般に予想というものはそれが書かれた紙ほどの価値もなく、多くのアナリストもせいぜい一～二年先の利益を予想しただけでその企業を買い推奨している。しかし、グレアムはアナリストの本当の役割とは企業の収益力を正確に見通して、その長期的な利益を予想することであると考えていた。一〇年間にわたるこうしたEPSの長期予想の効果については疑問視する向きもあるだろうが、それが持続的な競争力を持ち、しかも高く安定したROEを維持している企業であれば、かなり正確な長期の利益予想が可能であるとバフェットは考えている。

ブリストル・マイヤーズ・スクイブの 1993 ～ 2003 年の予想

年	BPS	EPS	配当	内部留保利益
1993	2.90 ドル	1.10 ドル	0.72 ドル	0.38 ドル
1994	3.28	1.24	0.81	0.43
1995	3.71	1.41	0.92	0.49
1996	4.21	1.59	1.03	0.56
1997	4.77	1.80	1.17	0.63
1998	5.40	2.04	1.33	0.71
1999	6.11	2.32	1.51	0.81
2000	6.92	2.62	1.70	0.92
2001	7.84	2.97	1.93	1.04
2002	8.88	3.37	2.19	1.18
2003	10.06	3.81	2.48	1.33
合計			15.79 ドル	8.48 ドル

ブリストル・マイヤーズが一九九三～二〇〇三年も年三七・九％という高いROEを維持するならば、二〇〇三年の予想EPSは三・八一ドルとなる。この予想によれば、二〇〇三年までの一〇年間にバフェットが受け取る配当総額は税引き後で一五一一万四〇〇〇ドルとなる（一五・七九ドル×九五万七二〇〇株＝一五一一万四〇〇〇ドル）。ということは、彼が最初に投資した一二四四万三六〇〇ドルは二〇〇三年までの配当ですべて回収し、手元に残ったブリストル株九五万七二〇〇株はまるまる利益となる。二〇〇三年のブリストル株が過去の水準に照らして一八倍という控えめなPER（株価収益率）で取引されるとすれば、バフェットが保有するブリストル株

（九五万七二〇〇株）の市場価値は一株当たり六八・五八ドル（三・八一ドル×一八＝六八・五八ドル）、総額では六五六四万五〇〇〇ドル（六八・五八ドル×九五万七二〇〇株＝六五六四万五〇〇〇ドル）となる。二〇〇三年にこの保有株をすべて売却したとすれば、彼が手にする利益は株式売却益と受取配当を合わせて八〇七六万ドルという素晴らしい数字に達する。

ここで注意しなければならないのは、予想ＥＰＳにＰＥＲを掛けて予想株価を計算するときは、過去一〇年間の平均ＰＥＲを用いるべきだということである。最高ＰＥＲや最低ＰＥＲを使用すれば、予想株価の範囲を知るには有効であろうが、株価が過去の最高ＰＥＲまで上昇するとは限らず、そうした予想はかなり危険である。特に過去一〇年間の最高ＰＥＲと最低ＰＥＲの間に大きな開きがあるときは、やはり一〇年間の平均ＰＥＲを使うのが安全である。疑わしいときは中道を行くのがベストである（バリューライン・インベストメント・サーベイでは過去一〇～一五年間の平均ＰＥＲを使用している）。金融電卓で一九九三～二〇〇三年の複利リターンを計算するときは、ＰＶ＝一二四四三六〇〇、ＦＶ＝八〇七六〇〇〇〇、Ｎ＝一〇と入力し、ＣＰＴ・％ｉキーを押すと二〇・五％という複利リターンが表示される。ブリストル株にこれほど高いリターンが期待できるのは、所得税の課税対象とはならない三七・九％のＲＯＥの三五％が毎年株主資本に追加されていくからである。こうして新たに付け加えられた株主資本は、翌年もまた同じ分の利益を積み上げていく。

以上、ブリストル・マイヤーズの一九九三～二〇〇三年のＥＰＳを予想したが、われわれのこの予想値がどの程度正確だったのかは、一九九三～二〇〇一年の実績数字と比較することで検証できる。二六〇ページの表によれば、一九九三年からの八年間における予想と実績との誤差は八～三二％の範囲に収まっており、それほど悪くはない。しかも一九九八年を除く七年間に限ってみると、その平均誤差はわずか九％にすぎない。このように一九九三年時点の予想の有効性は二〇〇一年までの実績数字と比較することで検証できるが、これらの数字をもとに将来の投資判断を下すときは慎重でなければならない。二〇〇一年時点でブリストル・マイヤーズへの投資がビジネスセンスに照らして有利であるかどうかを判断するには、新しい数字に基づく予想数字を慎重に検討すべきである。

一九九三年時点のわれわれの予想では、二〇〇一年のブリストルの予想株価は五三ドルとなっていた。実際に同年の株価は安値五〇ドル、高値七〇ドルで推移し、これらの株価に基づくバフェットの保有株数（九五万七二〇〇株）の複利リターンは、一九九三～二〇〇一年の八年間で一八・三～二三％となっている（これに受取配当を加えると二〇～二四・八％の複利リターンとなる）。株式市場は同社の長期の収益力を評価して、ＰＥＲ二〇～二七倍の水準まで株価を押し上げた。一般に物事は予想どおりにはいかないものだが、ブリストル・マイヤーズのような持続的な強い競争力を持つ企業に投資すれば、予想以上の結果となるのもそれほど珍しいことではない。バフェットは初期投資額の約一二四四万ドルに対して四一四四万～六〇六四万ドルもの利益を得たことになる。将来の同社の利益率には多少のばらつきも見られるだろう

年		株価
1993	経過年数	1244万3600ドル（PV＝基準年）
1994	1年目	＿＿＿
1995	2年目	＿＿＿
1996	3年目	＿＿＿
1997	4年目	＿＿＿
1998	5年目	＿＿＿
1999	6年目	＿＿＿
2000	7年目	＿＿＿
2001	8年目	＿＿＿
2002	9年目	＿＿＿
2003	10年目	8076万ドル（FV＝予想対象年）

ブリストル・マイヤーズ株を購入したときの10年間の予想複利リターンを計算するには、PV＝12443600、FV＝80760000、N＝10と入力し、CPT・％ｉキーを押すと20.5％という数字が表示される

が、その強力な収益力は引き続き株主に大きく報いてくれるだろう。いずれにしても、高すぎる株式にはけっして手を出さないという投資原則を守ること。株式投資でリッチになるには、できるだけ安く株式を購入するというのが絶対条件である。

この章のポイント

●ある種の企業については将来の利益をかなり正確に予想できるので、それをもとに一〇年先の株価もかなりの正確さで予測できる。

●予想利益に基づいて将来の株価を予測するときは、過去一〇年間の平均ＰＥＲを用いるべきだ。

ブリストル・マイヤーズ・スクイブの予想EPSと実績EPSの比較

年	予想EPS	実績EPS	誤差
1993	1.10ドル	1.10ドル	0%
1994	1.24	1.15	8
1995	1.41	1.28	10
1996	1.59	1.42	12
1997	1.80	1.61	12
1998	2.04	1.55	32
1999	2.32	2.05	13
2000	2.62	2.40	9
2001	2.97	2.55	16

●将来には予想外の不確定要因が数多く存在するので、過去一〇年間の利益の実績数字を将来に延長した予想は慎重に行うべきである。

第19章 最近の投資のケーススタディ

以下で検討するケースは、バフェットが自らの投資基準に基づいて投資した企業について検証したものである。それらの企業とは彼が二〇〇〇年に株式を購入したH&Rブロックとレイジーボーイ、また初版でも取り上げたガネットとフレディマックを含む四社である。後者の二社を再び取り上げたのは、初版で述べた彼の投資判断がどれほど正しかったのかを評価するためである。これらの二社は初版が出版されたあとに株式分割を行ったので、予想の数字と実績値をはっきりと比較できるように、ヒストリカルな数字は株式分割の影響を反映するように修正が加えられている。これら四社のケーススタディの形式はすべて統一されているが、株価分析や予想複利リターンなどの計算には多少の相違点がある。これは少し違った角度から分析したり、少し異なる分析法を適用したことによるものである。

ケーススタディ1――H&Rブロック（二〇〇〇年）

H&Rブロックは個人向け税務サービスでは北米最大の企業で、五〇年以上にわたってこの事業を営んでいる。バフェットはバリューラインによって初めてこの企業に注目し、それ以降数年間にわたってフォローしてきた。そして株式バブルが弾けた一九九九年以降に株式を買い始め、二〇〇〇年には一株当たり平均二九ドルで発行済み株式の約八％を取得した。

基礎情報

バフェットは広告によって最初にH&Rブロックという会社を知ったが、バリューラインを利用すれば簡単に同社の詳しい数字を入手できる（ちなみに、バフェットは会計士などに頼らず、自分で税金の申告をしている）。同社は最近、オプション・ワン・モーゲージ・コーポレーション、マグラドレイ&プーレン、オルデ・フィナンシャルなどを買収することによって金融分野にも進出している。同社の詳しい情報を知りたいときは、そのウエブサイト（www.hrblock.com）やバリューラインにアクセスしてください。

一．H&Rブロックは持続的な競争力を持つブランド商品やサービスを持っているか　税金の申告と言えば、ほとんどの人はH&Rブロックを思い出すだろう。同社は五〇年以上にわたり個人向け税務サービスを提供してきた全米一の企業で、二人のブロック兄弟（ヘンリーとリチャード・ブロック）が一九五五年にミズーリ州カンザスシティーで会社を立ち上げた。それ以降にアメリカとカナダに一万以上の事務所を持ち、また海外一三カ国の一九〇〇万人以上の人々に税務サービスを提供している。その事業内容は会社創業以来ほとんど変わっておらず、これからも変わることはないだろう。新しく同社と対抗するには膨大な資金が必要であり、バフェットが注目したのもこの点だった。このように新規参入のバリアがかなり高いということは、今から五〇年以上たってもやはり同社がこの分野の第一人者であり続けることを物語っている。

二．その事業内容を理解しているか　四月一日の朝に目を覚ましたとき、税金の申告書にまだ記入していないことに気がつけば、急いでH&Rブロックの事務所に駆け込むだろう。同社のプロがてきぱきと申告書を作成してくれるので、六一ドル九五セントの手数料を支払って同社の事務所をあとにすればホッとする。

三．保守的な財務政策をとっているか　二〇〇〇年の長期債務が八億七二〇〇万ドルに対して、利益は二億五一〇〇万ドルとなっている。わずか三年半の利益ですべての債務を返済できる。

H&R ブロックの EPS の推移

年	EPS
1989	1.16 ドル
1990	1.30
1991	1.49
1992	1.68
1993	1.78
1994	1.80
1995	1.18
1996	1.36
1997	1.62
1998	2.36
1999	2.56

四．利益は力強い上昇トレンドをたどっているか　上の表を見ても分かるように、（子会社売却の影響で減益となった一九九五年を除くと）一九八九～一九九九年のＥＰＳ（一株当たり利益）年成長率は八・二％に達している。

五．得意の分野に資金を集中投資しているか　個人向け税務サービスを中心に、税務処理用ソフトウエアの開発、金融サービス会社の買収などに資金を振り向けていることから、この質問には「イエス」と答えられるだろう。

六．自社株買いを実施しているか　一九八九～二〇〇〇年に九〇〇〇万株の発行済み株式を買い戻すなど、経営陣は可能なかぎり株主価値の向上に努力している。

七．内部留保利益の再投資でEPSは上昇し、それによって株主価値は向上しているか　一九八九年のEPSは一・一六ドルで、これはこの会社の蓄積してきたすべての資本が一九八九年末に、株主のために一株当たり一・一六ドルの利益を生み出したことを意味する。一九八九〜一九九九年の累積EPSは一七・一四ドル（このうち九・三四ドルが配当、残りの七・八〇ドルが内部留保された）。この一〇年間にEPSは一・一六ドルから二・五六ドルに上昇したが、これはH&Rブロックが持続的な競争力を持つ企業であり、また優秀な経営陣が内部留保利益を再投資して利益を増やしていったことを裏付けている。この一〇年間のEPS増加分は一・四〇ドルで（二・五六－一・一六＝一・四〇ドル）、これを内部留保の七・八〇ドルで割るとこの期間のROE（株主資本利益率）上昇率は一七・九％となる（一・四〇÷七・八〇＝一七・九％）。

八．ROEは全米企業の平均以上か　バフェットはROEが全米企業の平均以上であることを投資条件のひとつとしている。過去三〇年間のROEの全米平均は約一二％で、一九八九〜一九九九年のH&Rブロックの平均ROEは約二二％でこの基準を完全にクリアしている。しかもその水準は安定しており、これは同社が持続的な競争力を持つ企業であることをはっきりと物語っている（一九九五年と一九九七年にROEが低下したのは、子会社売却の影響によるもの）。

H&Rブロックの ROE の推移

年	ROE
1989	24.0%
1990	25.0
1991	26.0
1992	27.0
1993	26.0
1994	27.0
1995	12.0
1996	30.0
1997	13.0
1998	22.0
1999	23.0

九．ROTC（総資本利益率）は高く安定しているか　バリューラインでH&RブロックのROTCの推移を見ると（以下の表を参照）、過去一〇年間のROTCの年平均伸び率は約二〇%となっている。その水準も安定しており、これも持続的な競争力を持つ企業の表れである。

一〇．インフレの影響を製品やサービスの価格に転嫁できるか　同社はインフレ率に応じて税務サービスの価格を引き上げてきた。

一一．工場や設備の更新に多額の投資を必要とするか　H&Rブロックの場合、製造や研究開発に多額の投資は必要としない。すでに多くの事務所を持ち、また十分なスタッフも確保している。稼いだ利益は新規事務所の開設、優良企業の買収、自社株買いなどに充てている。

H&R ブロックの ROTC の推移

年	ROTC
1989	24.0%
1990	25.1
1991	26.0
1992	27.0
1993	26.0
1994	27.0
1995	12.0
1996	30.0
1997	11.0
1998	18.0
1999	15.0

企業分析のまとめ

バフェットは以上の質問に「イエス」と答えており、これは彼がH&Rブロックという企業をよく理解し、同社は持続的な競争力を持つ企業であることを意味している。次に同じく重要な問題である株価について、それがビジネスセンスにかなった水準にあるかどうかを検討する。

株価分析

繰り返し述べているように、投資決断を下すにはそれが持続的な競争力を持つ企業であり、しかも株価が割安な水準にあることを確認しなければならない。

初期投資リターンを国債利回りと比較した相対価値

一九九九年のH&RブロックのEPSは二・五六ドルで、これを当時の国債利回りの約六%で割ると、国債に対する相対価値は四二・六七ドルとなる。これは同社株を四二・六七ドルで購入すると、国債利回りと同じリターンが得られるという意味である。実際には一九九九年夏の株価は約二八ドルであり、バフェットの平均取得価格は約二九ドルだった。EPSが二・五六ドルの同社株を一九九九年に二八ドルで購入すると、初期投資リターンは約九%となる。H&Rブロックの過去一〇年間のEPS年成長率は八・二%であり、投資家にとってこの疑似債券と六%の利回りの国債のどちらに投資するのが有利なのだろうか。

疑似債券としてのH&Rブロック株

一九九九年初めのH&RブロックのBPS（一株当たり株主資本）は一二・八八ドルで、同社が今後一〇年間も二二%の平均ROEを維持するとすれば、株主資本の予想成長率は約四〇%となる。したがって年率八・八%（四〇%×〇・二二＝八・八%）で成長していくBPSは、一〇年後の二〇〇九年には二九・九三ドルとなる（金融電卓にPV＝一二・八八、N＝一〇、%i＝八・八と入力し、CPT・FVキーを押すと二九・九三ドルという数字が得られる）。

そして二〇〇九年の予想BPS二九・九三ドルに平均ROEの二二％を掛けると、同年の予想EPSは六・五八ドルとなる。次に過去一〇年間の同社株の平均PER（株価収益率）は二二倍だったので、二〇〇九年の予想株価は一四四・七六ドルとなる（六・五八ドル×二二＝一四四・七六ドル）。同社株を一九九九年に二九ドルで購入し、二〇〇九年に一四四・七六ドルで売却すると、その（税引き前）予想複利リターンは一七・四％となる（これに受取配当を加えると予想リターンはさらに高くなる。計算を単純にするため、H&Rブロックとレイジーボーイについては受取配当を除外して検討したが、ガネットとフレディマックについては受取配当も含めて計算した）。

過去のEPS成長率から複利リターンを予想

H&Rブロックが八・二％というEPS成長率を今後も維持するとすれば、二〇〇九年の予想EPSは五・六五ドルとなり、これに過去一〇年間の平均PERの二二倍を掛けると同年の予想株価は一二四・三〇ドルとなる（五・六五ドル×二二＝一二四・三〇ドル）。一九九九年に二九ドルで同社株を購入し、二〇〇九年に一二四・三〇ドルで売却すれば、その予想複利リターンは一五・六％となる（金融電卓にPV＝二九、N＝一〇、FV＝一二四・三〇を入力し、CPT・％iキーを押すと一五・六％というリターン値が得られる）。

株価分析のまとめ

バークシャー・ハサウェイは二〇〇〇年にH&Rブロックの発行済み株式の八・四三%を取得したが、バフェットによれば、この株式は九%のクーポンが毎年八・二%で成長していく疑似債券と見ることができる。この株式を一〇年間保有したときの予想複利リターンは一五・六〜一七・四%、つまり二九ドルで取得した株式は一〇年後に一二四〜一四四ドルに上昇すると予想される。実際には二〇〇一年六月一日現在の株価は六〇ドルであり、バフェットの一年目の初期投資リターンは一〇七%となった。このように持続的な競争力を持つ企業に投資すると、一〇年を待たずに大きな利益を手にすることも珍しくない。

ケーススタディ2――レイジーボーイ(二〇〇〇年)

レイジーボーイはリクライニングチェアの大手メーカーである。このほか、オフィスや家庭用高級チェアとソファ、ベッド兼用ソファ、テーブル、寝室・食堂用家具なども生産している。四〇年以上にわたってこの事業を営む持続的な競争力を持つ企業である。バフェットは最初にバリューラインで同社の数字に注目し、それ以降数年間にわたってフォローしてきた。株式バブルが弾けたあとの二〇〇〇年二月に、約一四ドルで同社株を買い始めた。二〇〇一年一二月現在の株価は二二・五〇ドル、素晴らしい買い物だった。

基礎情報

バフェットが最初にこの会社に目を向けるようになったのは、同社製のソファに腰を掛けてくつろいでいるときだった。ネブラスカ・ファニチャー・マートの買収経験から、家具の善し悪しを見分ける目は養われていた。バリューラインにアクセスすると同社に関する詳しい情報が簡単に入手できる。

一．レイジーボーイは持続的な競争力を持つブランド商品やサービスを持っているか　リクライニングチェアと言えば、ほとんどの人はレイジーボーイを思い出すだろう。同社は傘下にイングランド・コルセア、センチュリアン、サム・ムーア、バウハウスUSAなどのブランド家具メーカーを所有している。

二．その事業内容を理解しているか　仕事から疲れて帰ってきたとき、レイジーボーイのソファに座ってテレビのスイッチを入れるとリラックスするだろう。

三．保守的な財務政策をとっているか　二〇〇〇年の長期債務は一億ドル、これに対して利益は九二〇〇万ドルあるので、わずか一・二年の利益ですべての債務を返済できる。

四．利益は力強い上昇トレンドをたどっているか　二〇〇〇年のＥＰＳ（一株当たり利益）は一・六一ドルで、一九九〇〜二〇〇〇年のＥＰＳ年成長率は一四・一％となっている。利益は高く安定した上昇トレンドをたどっている。

五．得意の分野に資金を集中投資しているか　はい。本業と優良家具メーカーの買収に重点的に資金を振り向けている。

六．自社株買いを実施しているか　一九九〇〜二〇〇〇年に発行済み株式数の二％に当たる一四〇万株を買い戻すなど、経営陣は可能なかぎり株主価値の向上に努力している。

七．内部留保利益の再投資でＥＰＳは上昇し、それによって株主価値は向上しているか　一九九〇年のＥＰＳは〇・四三ドルで、これは同社の蓄積してきたすべての資本が一九九〇年末に、株主のために一株当たり〇・四三ドルの利益を生み出したことを意味する。一九九〇〜二〇〇〇年の累積ＥＰＳは九・一二ドル（このうち二・六三ドルが配当、残りの六・四九ドルが

レイジーボーイのEPSの推移

年	EPS
1990	0.43ドル
1991	0.46
1992	0.50
1993	0.63
1994	0.67
1995	0.71
1996	0.83
1997	0.92
1998	1.24
1999	1.56
2000	1.61

内部留保された）。この一〇年間にEPSは〇・四三ドルから一・六一ドルに上昇したが、これはレイジーボーイが持続的な競争力を持つ企業であり、また優秀な経営陣が内部留保利益を再投資して利益を増やしていったことを裏付けている。この一〇年間のEPS増加分は一・一八ドルで（一・六一－〇・四三＝一・一八ドル）、これを内部留保の六・四九ドルで割るとこの期間のROE（株主資本利益率）上昇率は一八・一八％となる（一・一八÷六・四九＝一八・一八％）。

八．ROEは全米企業の平均以上か　バフェットはROEが全米企業の平均以上であることを投資条件のひとつとしている。過去三〇年間のROEの全米平均は約一二％で、レイジーボーイの過去一〇年間の平均ROEは一二・八％とわずかにこの基準を上回っている。しかし、一九九九年以降のＲＯＥはかなり高くなっている。

九．ＲＯＴＣ（総資本利益率）は高く安定しているか　バリューラインでレイジーボーイのＲＯＴＣの推移を見ると（二七六ページの表を参照）、過去一〇年間のＲＯＴＣの年平均伸び率は約一二・三％となっている。しかし、直近の三年間のＲＯＴＣは高く安定しており、これは典型的な持続的な競争力を持つ企業の特徴である。

一〇．インフレの影響を製品やサービスの価格に転嫁できるか　同社はインフレ率に応じて製品を値上げしてきた。

一一．工場や設備の更新に多額の投資を必要とするか　同社は四〇年以上にわたり、少しの変更を加えただけでほぼ同じリクライニングチェアを作り続けている。したがって設備の更新や研究開発に多額の投資は必要としない。稼いだ利益は優良家具メーカーの買収、自社株買いなどに充てている。

レイジーボーイのROEの推移

年	ROE
1991	10.2%
1992	10.4
1993	11.9
1994	11.2
1995	11.4
1996	11.4
1997	12.6
1998	15.9
1999	17.0
2000	16.5

企業分析のまとめ

バフェットは以上の質問に「イエス」と答えており、これは彼がレイジーボーイという企業をよく理解し、同社は持続的な競争力を持つ企業であることを意味している。次に同じく重要な問題である株価について、それがビジネスセンスにかなった水準にあるかどうかを検討する。

株価分析

繰り返し述べているように、投資決断を下すにはそれが持続的な競争力を持つ企業であり、しかも株価が割安な水準にあることを確認しなければならない。

レイジーボーイのROTCの推移

年	ROTC
1990	9.0%
1991	9.1
1992	9.0
1993	10.5
1994	9.5
1995	10.2
1996	11.3
1997	11.1
1998	14.3
1999	14.5
2000	14.5

初期投資リターンを国債利回りと比較した相対価値

二〇〇〇年のレイジーボーイのEPSは一・六一ドルで、これを当時の国債利回りの約六％で割ると、国債に対する相対価値は二六・八三ドルとなる。これは同社株を二六・八三ドルで購入すると、国債利回りと同じリターンが得られるという意味である。二〇〇〇年の株価は約一四ドルであり、これはバフェットの平均取得価格とほぼ同じである。EPSが一・六一ドルの同社株を二〇〇〇年に一四ドルで購入すると、初期投資リターンは約一一・五％となる。レイジーボーイの過去一〇年間のEPS年成長率は一四・一％であり、投資家にとってこの疑似債券と六％の利回りの国債のどちらに投資するのが有利なのだろうか。

疑似債券としてのレイジーボーイ株

二〇〇〇年初めのレイジーボーイのBPS（一株当たり株主資本）は九・八〇ドルで、同社が今後一〇年間も一二・八％の平均ROEを維持するとすれば、株主資本の予想成長率は約七一％となる。したがって年率九・一％（一二・八％×〇・七一＝九・一％）で成長していくBPSは、一〇年後の二〇一〇年には二三・四一ドルとなる（金融電卓にPV＝九・八〇、N＝一〇、％i＝九・一と入力し、CPT・FVキーを押すと二三・四一ドルという数字が得られる）。そして二〇一〇年の予想BPS二三・四一ドルに平均ROEの一二・八％を掛けると、同年の予想EPSは二・九九ドルとなる。次に過去一〇年間の同社株の平均PER（株価収益率）は一五倍だったので、二〇一〇年の予想株価は四四・八五ドルとなる（二・九九ドル×一五＝四四・八五ドル）。同社株を二〇〇〇年に一四ドルで購入し、二〇一〇年に四四・八五ドルで売却すると、その（税引き前）予想複利リターンは一二・三四％となる（これに受取配当を加えると予想リターンはさらに高くなる）。

過去のEPS成長率から複利リターンを予想

レイジーボーイが一四・一％というEPS成長率を今後も維持するとすれば、二〇一〇年の予想ＥＰＳは六・〇二ドルとなり、これに過去一〇年間の平均ＰＥＲの一五倍を掛けると同年の予想株価は九〇・三〇ドルとなる（六・〇二ドル×一五＝九〇・三〇ドル）。二〇〇〇年に一四ドルで同社株を購入し、二〇一〇年に九〇・三〇ドルで売却すれば、その予想複利リターンは約二〇％となる（金融電卓にＰＶ＝一四、Ｎ＝一〇、ＦＶ＝九〇・三〇と入力し、ＣＰＴ・％・ｉキーを押すと二〇％というリターン値が得られる）。

株価分析のまとめ

バークシャー・ハサウェイは二〇〇〇年にレイジーボーイの株式を取得したが、バフェットによれば、この株式は一一・五％のクーポンが毎年一四・一％で成長していく疑似債券と見ることができる。この株式を一〇年間保有したときの予想複利リターンは一二・三四～二〇％、つまり一四ドルで取得した株式は一〇年後に四四・八五～九〇・三〇ドルに上昇すると予想される。実際には二〇〇一年一二月現在の株価は二二ドルであり、バフェットの一年目の初期投資リターンは三五％となった。このように持続的な競争力を持つ企業に投資すると、利益が予想を上回ることも珍しくない。

初版のケーススタディ――ガネット（一九九四年）

バフェットは新聞事業に深い思い入れがあるが、それはワシントンに住んでいた少年のころ、ワシントン・ポストの新聞配達をしていたことと関係があるのかもしれない。その後、ワシントン・ポストの大株主になったことについては先に言及した。広告不況の真っただ中の一九九四年夏に、新聞・放送事業の持ち株会社ガネット・コーポレーションの株式一三七〇万九〇〇〇株を三億三五二二万六〇〇〇ドルで購入した。株式分割調整後の取得価格は一株当たり二四・四五ドルだった（初版が出版された一九九七年に二対一の株式分割が行われ、以下のすべてのデータはこの株式分割の影響を調整した数字である）。

基礎情報

ガネットに関する情報を収集するのは簡単である。全米の新聞売場にはどこでもUSAトゥデーが置いてあるし、この全国紙の読者であれば、この新聞を発行している会社、上場の有無などを知りたいと思うだろう。そう、この新聞社こそが上場企業のガネットである。バリューライン・インベストメント・サーベイによると、ガネットは全米三八州でデトロイト・ニュース（発行部数は三一万二〇九三部）やUSAトゥデー（同二一一〇万部）を含む一九〇の新聞を発行し、このほか一三のラジオ放送局と一五の地域テレビ局も所有している。こうした基礎情報を踏まえて、以下の質問に答えていこう。

一．ガネットは持続的な競争力を持つブランド商品やサービスを持っているか　知ってのとおり、新聞やラジオ・テレビなどの事業は優良ビジネスである。とりわけその新聞がある地域で唯一のものであれば、大きな利益を独占できる。競争相手がいないので大きな広告収入が入るからである。ガネットが発行する多くの新聞は、まさにそうした地域唯一の新聞である。

二．その事業内容を理解しているか　ガネットの事業内容については、消費者である個人投資家のほうがよく知っているだろう。あなたが出張先の空港で足止めをくい、新聞を読むこと以外に何もやることがないときは、新聞売場に行って新聞を買うだろう。そのときに買うのはおそらくローカル紙ではなく、USAトゥデーのような全国紙であろう。

三．保守的な財務政策をとっているか　一九九四年の長期債務は七億六七〇〇万ドル、これに対する株主資本は一八億ドル強、純利益も四億六五〇〇万ドルに達しており、二年もかからないですべての債務を返済できる収益力がある。

四．利益は力強い上昇トレンドをたどっているか　一九九四年のＥＰＳ（一株当たり利益）は一・六二ドルで、一九八四～一九九四年のＥＰＳ年成長率は八・七五％、直近の一九八九～一九九四年のＥＰＳ成長率は五・四％である。一九八四～一九九四年には一九九〇～一九九一年の二年を除いてＥＰＳは安定して上昇している。この両年は新聞・放送などのメディア業界が深刻な不況に見舞われ、広告収入が大きく落ち込んだ時期だった。こうした高く安定した利益率を上げている企業とは、まさにわれわれが探し求めている企業である。

五．得意の分野に資金を集中投資しているか　はい。ガネットはメディア分野に特化した事業を展開している。

六．自社株買いを実施しているか　はい。一九八八～一九九四年に発行済み株式数のうち四二四〇万株を買い戻した。このように、経営陣は可能なかぎり株主価値の向上に努力している。

七．内部留保利益の再投資でＥＰＳは上昇し、それによって株主価値は向上しているか　一九八四～一九九四年の内部留保利益は一株当たり五・八二ドルに達し、ＥＰＳはこの一〇年間に〇・七〇ドルから一・六二ドルに上昇した。このＥＰＳ増加分の〇・九二ドル（一・六二－〇・七〇＝〇・九二ドル）を内部留保の五・八二ドルで割ると、この期間のＲＯＥ（株主資本利益

ガネットのEPSの推移

年	EPS
1984	0.70ドル
1985	0.79
1986	0.86
1987	0.99
1988	1.13
1989	1.24
1990	1.18
1991	1.00
1992	1.20
1993	1.36
1994	1.62

率）上昇率は一五・八％となる（〇・九二÷五・八二＝一五・八％）。

八．ＲＯＥは全米企業の平均以上か　バフェットはＲＯＥが全米企業の平均以上であることを投資条件のひとつとしている。過去三〇年間のＲＯＥの全米平均は約一二％で、ガネットの過去一一年間の平均ＲＯＥは二〇・四％とこの基準を大きく上回っている。さらに重要なことは、一九九九年以降のＲＯＥがかなり高くなっており、その水準も安定していることである。これは経営陣が留保利益を新しいプロジェクトに再投資していることを意味する。

九．ＲＯＴＣ（総資本利益率）は高く安定しているか　過去一〇年間のＲＯＴＣは最低で一一・二％、最高で一八・八％、平均では一五・

ガネットのROEの推移

年	ROE
1984	19.6％
1985	19.9
1986	19.3
1987	19.8
1988	20.4
1989	19.9
1990	18.3
1991	19.6
1992	21.9
1993	20.8
1994	25.5

三％となっている。

一〇．インフレの影響を製品やサービスの価格に転嫁できるか　かつて新聞は五セント硬貨一枚で買えたものだが、今では五〇セント～一ドルになっている。しかし、新聞やテレビ局の実質的な収益源は広告収入である。その地域にひとつの新聞紙しかないとすれば、顧客にとってはほかに代わる広告手段がないので、高い広告料でものまざるを得ない。スパーマーケットや自動車ディーラー、映画館などの娯楽会社は地元新聞の広告に依存している。総合的に見て、ガネットがインフレの影響を商品価格に転嫁しても売り上げが落ちることはないだろう。

一一．工場や設備の更新に多額の投資を必要とするか　その企業が大きな利益を上げていても、競争力を維持するために常に多額の設備投資を必要とするならば、そうしたメリットはほとんど吹き飛んでしまう。新聞と放送事業が本業であるガネットにとっては、初期のインフラさえ整備すれば、その後の設備更新や研究開発はほとんど必要としない。新聞の輪転機は何十年も使えるし、テレビやラジオ局もごくたまに新しい設備を導入する程度である。したがって利益の多くをほかの新聞社や放送局の買収、自社株買いなどに振り向けられる。ガネットの株主はますますリッチになるだろう。

企業分析のまとめ

バフェットは以上の質問に「イエス」と答えており、これはガネットが持続的な競争力を持つ企業であり、将来の利益もかなり正確に予想できることを意味している。もっとも、以上の企業分析で良い結果が得られたからといって、直ちにガネット株を購入できるわけではない。ほかの投資対象と同等、またはそれ以上のリターンが得られるように、慎重な株価の分析が必要である。

株価分析

投資決断を下すにはそれが持続的な競争力を持つ企業であり、しかも株価が割安な水準にあることを確認しなければならない。

初期投資リターンを国債利回りと比較した相対価値

一九九四年のガネットのEPSは一・六二ドルで、これを当時の国債利回りの約七％で割ると、国債に対する相対価値は二三・一四ドルとなる。これは同社株を二三・一四ドルで購入すると、国債利回りと同じリターンが得られるという意味である。一九九四年の株価は二三・一〇～二九・五〇ドルであり、同社株をバフェットの取得価格と同じ二四・四五ドルで購入すると、初期投資リターンは六・六％となる。同社の過去一〇年間のEPS年成長率は八・七五％であり、投資家にとってこの疑似債券と七％の利回りの国債のどちらに投資するのが有利なのだろうか。

疑似債券としてのガネット株

バリューラインによれば、一九九四年のガネットのBPS（一株当たり株主資本）は六・五二ドルで、同社が今後一〇年間も二〇・四％の平均ROEを維持するとすれば、株主資本の予想成長率は六〇％となる。したがって年率一二・二四％（二〇・四％×〇・六〇＝一二・二四％）で成長していくBPSは、一〇年後の二〇〇四年には二〇・六八ドルとなる（金融電卓にPV＝六・五二、N＝一〇、％i＝一二・二四と入力し、CPT・FVキーを押すと二〇・六八ドルという数字が得られる）。そして二〇〇四年の予想BPS二〇・六八ドルに平均ROEの二〇・四％を掛けると、同年の予想EPSは四・二二ドルとなる。次に過去一〇年間の同社株の最低PER（株価収益率）は一五倍だったので、二〇〇四年の予想最低株価は六三・三〇ドルとなる（四・二二ドル×一五＝六三・三〇ドル）。一方、最高PERは二三倍だったので予想最高株価は九七・〇六ドルとなる（四・二二ドル×二三＝九七・〇六ドル）。同社株を一九九四年に二四・四五ドルで購入し、二〇〇四年に六三・三〇〜九七・〇六ドルで売却したときの予想複利リターンは（この期間中の受取配当の一株当たり一一・九二ドルを含めて）一一・八七〜一六・〇九％となる。

ガネットの予想 EPS と配当

年	EPS	配当
1995	1.76 ドル	0.70 ドル
1996	1.91	0.76
1997	2.08	0.83
1998	2.26	0.90
1999	2.46	0.98
2000	2.67	1.07
2001	2.91	1.16
2002	3.16	1.26
2003	3.46	1.37
2004	3.74	1.49
		10.52 ドル

過去のＥＰＳ成長率から複利リターンを予想

ガネットが八・七五％というＥＰＳ成長率を今後も維持し、また利益の六〇％を内部留保、残りの四〇％を配当に回すときの内訳は上の表のようになる。

それによれば、二〇〇四年の予想ＥＰＳは三・七四ドルとなり、これに過去一〇年間の最低ＰＥＲを掛けると同年の予想最低株価は五六・一〇ドル（三・七四×一五＝五六・一〇ドル）、これにこの期間中の受取配当を加えると六六・六二ドルとなる。一方、最高ＰＥＲの二三倍を掛けると同年の予想株価は八六・〇二ドル（三・七四×二三＝八六・〇二ドル）、これに受取配当を加えると九六・五四ドルとなる。すなわち、一九九四年に二四・四五ドルでガネット株を購入し、二〇〇四年に（配当を含む）六六・六二～九六・五四ドルで売却すれば、その予想複利リターンは一〇・五五～一四・七二％となる（金融電卓にPV＝二四・四五、N＝一〇、FV＝六六・六二／九六・五四と入力し、CPT・％iキーを押すと一〇・五五／一四・七二％というリターン値が得られる）。

株価分析のまとめ

バフェットは一九九四年に三億三五二一万六〇〇〇ドルでガネットの株式を一三七〇万九〇〇〇株を取得したが（取得価格は一株当たり二四・四五ドル）、この株式は六・六％のクーポンが毎年八・七五％で成長していく疑似債券と見ることができる。この株式を一〇年間保有したときの予想複利リターンは一〇・五五～一六・〇九％、つまり三億三五二一万六〇〇〇ドルで取得した株式は一〇年後に九億一三二二万六九六〇～一四億九〇七四万五〇〇〇ドルに上昇すると予想される。

ガネットの予想結果

予想の当否は時間の経過によって明らかになるが、以下の表は二〇〇〇年までの予想EPS

ガネットの予想EPSと実績EPS

年	予想EPS	実績EPS	予想に対する実績の誤差
1995	1.76ドル	1.71ドル	－2.8％
1996	1.91	1.89	－1.0
1997	2.08	2.50	＋20.2
1998	2.26	2.86	＋26.5
1999	2.46	3.30	＋34.1
2000	2.91	3.63	＋25.0

と実績ＥＰＳを表したものである。それによれば、ガネットの実績ＥＰＳは六年のうち四年までが予想を上回った。予想と実績値の誤差はマイナス二・八％～プラス三四・一％で、この期間中のＥＰＳ年成長率は一六・二％とわれわれの予想の八・七五％を大きく上回った。株式市場はガネットのこうした好業績を評価し、二〇〇二年には七六ドルまで株価を押し上げた。一九九四年に二四・四五ドルで購入した同社株を二〇〇二年に七六ドルで売却すると、年複利リターンは一五・二％（受取配当を除く）に達する。

フェデラル・ホーム・ローン・モーゲージ・コーポレーション（一九九二年）

バフェットはこれまでいくつかの銀行に投資してきたが、一般にフレディマックと呼ばれる同社への投資もその延長線上にある。フレディマックは住宅ローンの保証と証券化を行う企業である。あなたが地元の銀行から住宅ローンを借りると、その銀行はその住宅ローン債権をフレディマックに売却する。フレディマックは買い取った住宅ローン債権を一括して証券化し、個人投資家や機関投資家に販売する。あなたが支払った住宅ローンの利息はこれらの投資家に手渡される。ウォール街ではこうして証券化された住宅ローンを「モーゲージ担保証券」と呼んでいる。

一九八八年にフレディマックの株式が公開されると、バフェットはバークシャー・ハサウェイの子会社ウエスコ・フィナンシャルを通じて発行済み株式の四％を取得した。一九九二年にフレディマック株は史上最高の水準にあったが、バフェットは三億三七〇〇万ドルを投じて三四八四万四四〇〇株を買い増し（取得価格は一株当たり九・六七ドル）、同年末の持ち株比率は九％となった。以下で検討するのはこの一九九二年の買い増しのケースであり、バフェットはフレディマックのどこに魅力を感じて株式を買い増したのだろうか（フレディマックは一九九七年に一対四の株式分割を行ったことから、以下のすべてのデータはその影響を調整した数字である）。

基礎情報

フレディマックの事業内容を知るのはそれほど簡単ではない。フレディマックという会社は知っていても、実生活で同社と直接関係を持つ人はほとんどいないからである。もっとも、同社の情報はバリューラインや証券会社から簡単に入手することができる。証券会社のレポートを見たり、フレディマックに電話して年次報告書などを送ってもらえば、以下の質問には十分に答えられるだろう。

一．フレディマックは持続的な競争力を持つブランド商品やサービスを持っているか　モーゲージ証券はコモディティ型の商品であるが、同社ともうひとつの類似企業であるファニーメイは、住宅ローンの資金を円滑に提供することを目的に米議会が設立した政府認可企業である。したがって、両社にはこの分野における準独占的な地位が与えられている。

二．その事業内容を理解しているか　多くの人はモーゲージ証券とその働きなどについては知っているだろう。フレディマックは銀行やモーゲージ会社などから住宅ローン債権を買い取り、それをひとまとめにして証券化し、個人投資家や保険会社などの機関投資家に販売している。こうした仕組みがあるので、銀行やモーゲージ会社は安心して融資を行える。

三．保守的な財務政策をとっているか　いいえ。しかし、負債に対応する資産の多くは流動性の高い住宅ローン債権である。同社は政府機関の地位にあり、財政問題が表面化すれば米議会が手を差し伸べてくれる。議会には納税者という有力なスポンサーがついているので、多少の困難は乗り越えられるだろう。もっとも、保有する住宅ローン債権に多くのデフォルト（債務不履行）が発生すれば、フレディマックといえども困難に直面することになる。

四．利益は力強い上昇トレンドをたどっているか　一九八六〜一九九二年のＥＰＳ（一株当たり利益）年成長率は一七・六％と、安定した成長を続けている。

五．得意の分野に資金を集中投資しているか　はい。モーゲージ担保証券の分野に事業を特化している。

六．自社株買いを実施しているか　いいえ。逆に他社買収のために新たに株式を発行している（一九九五年に自社株買い計画を発表した）。

七．内部留保利益の再投資でＥＰＳは上昇し、それによって株主価値は向上しているか　一九八六〜一九九二年の内部留保利益は一株当たり二・七五ドルとなり、この期間中にＥＰＳも〇・五一ドル上昇した。このＥＰＳ増加分を内部留保の二・七五ドルで割ると、この期間のＲＯＥ（株主資本利益率）上昇率は一八・五％となる。

フレディマックのEPSの推移

年	EPS
1986	0.31ドル
1987	0.38
1988	0.48
1989	0.55
1990	0.58
1991	0.77
1992	0.82

八．ROEは全米企業の平均以上か　バフェットはROEが全米企業の平均以上であることを投資条件のひとつとしている。過去三〇年間のROEの全米平均は約一二％で、フレディマックの過去七年間の平均ROEは二二・三％とこの基準を大きく上回っている。さらにその水準も安定しているが、これは経営陣が留保利益を事業拡大に再投資していることを意味する。

九．ROTC（総資本利益率）は高く安定しているか　フレディマックは金融会社なので、ROTCよりもROTA（総資産利益率）を見たほうがよい。バフェットが同社株を購入したときのROTAは平均一・三％であり、これは金融機関の基準である一％以上をクリアしている。

一〇．インフレの影響を製品やサービスの価格に転嫁できるか
インフレは住宅価格を押し上げ、住宅価格が上昇すれば住宅ローンの貸し出しも増加する。それによってフレディマックの売り上げも拡大し、利益も増加する。例えば、一億ドルの住宅

フレディマックのROEの推移

年	ROE
1986	25.9%
1987	25.5
1988	24.1
1989	22.8
1990	19.4
1991	21.6
1992	17.4

ローンの金利が六%であるとすれば、金利収入は六〇〇万ドルになる。住宅価格が二倍の二億ドルになったとすれば、六%の金利では金利収入は一二〇〇万ドルになる。住宅価格が上昇するほど、フレディマックの収入は増えていく。

一一．工場や設備の更新に多額の投資を必要とするか　フレディマックの事業は住宅ローン債権をひとまとめにして証券化することであり、機械設備や研究開発はほとんど必要ない。建物を大幅に増設しなくても事業を拡大できるので、工場や設備の更新に多額の投資は必要としない。

企業分析のまとめ

バフェットは以上の質問に「イエス」と答えており、これはフレディマックが持続的な競争力を持つ企業であり、将来の利益もかなり正確に予想できることを意味している。もっとも、以上の企業分析で良い結果が得られたからといって、直ちにフレディマック株を購入できるわけではない。ほかの投資対象と同等、またはそれ以上のリターンが得られるように、慎重な株価の分析が必要である。

株価分析

投資決断を下すにはそれが持続的な競争力を持つ企業であり、しかも株価が適正な水準にあることを確認しなければならない。

初期投資リターンを国債利回りと比較した相対価値

一九九二年のフレディマックのＥＰＳは〇・八二ドルで、これを当時の国債利回りの七・三九％で割ると、国債に対する相対価値は一一・〇九ドルとなる。これは同社株を一一・〇九ドルで購入すると、国債利回りと同じリターンが得られるという意味である。一九九二年の株価は八・四五～一二・三二ドルであり、同社株をバフェットの取得価格と同じ九・六七ドルで購入すると、初期投資リターンは八・五％となる。同社の過去七年間のＥＰＳ年成長率は一七・六％であり、投資家にとってこの疑似債券と七・三九％の利回りの国債のどちらに投資するのが有利なのだろうか。

疑似債券としてのフレディマック株

フレディマックが今後一〇年間も過去七年間の平均ROEの二二・三%を維持すれば、株主資本の予想成長率は七二%となる。その結果、BPS(一株当たり株主資本)は一九九二年の四・九二ドルから二〇〇二年には二一・七九ドルに上昇すると予想される。この二〇〇二年の予想BPS二一・七九ドルに平均ROEの二二・三%を掛けると、同年の予想EPSは四・八六ドルとなる。次に同社株のヒストリカルな最低PER(株価収益率)は九倍だったので、二〇〇二年の予想最低株価は四三・七四ドルとなる(四・八六ドル×九=四三・七四ドル)。一方、最高PERは一二・八倍だったので予想最高株価は六二・二〇ドルとなる(四・八六ドル×一二・八=六二・二〇ドル)。この期間中の受取配当(一株当たり七・六一ドル)を加えた予想株価は五一・三五~六九・八一ドルとなる。同社株を一九九二年に九・六七ドルで購入し、二〇〇二年に売却したときの予想複利リターンは一八・一七~二一・八五%となる。法人税を控除後の複利リターンは一四・八二~一七・九二%。仮に一九九二年に一〇万ドルを投資し、年複利リターンが一七・九二%であるとすれば、一〇年後の資金は五一万九八四五ドルとなる。

過去のＥＰＳ成長率から複利リターンを予想

フレディマックが一七・六％というＥＰＳ成長率を今後も維持し、また利益の七二％を内部留保、残りの二八％を配当に回したときの内訳は次ページの表のようになる。

それによれば、二〇〇二年の予想ＥＰＳは四・一四ドルとなり、これに過去の最低ＰＥＲの九倍を掛けると同年の予想最低株価は三七・二六ドル（四・一四×九＝三七・二六ドル）となる。一方、最高ＰＥＲの一二・八倍を掛けると同年の予想株価は五二・九九ドル（四・一四×一二・八＝五二・九九ドル）。一九九二年に九・六七ドルでフレディマック株を購入し、二〇〇二年に三七・二六～五二・九九ドルで売却すれば、その予想複利リターンは一四・四～一八・五％となる（金融電卓にＰＶ＝九・六七、Ｎ＝一〇、ＦＶ＝三七・二六／五二・九九と入力し、ＣＰＴ・％ｉキーを押すと一四・四／一八・五％というリターン値が得られる）。この期間中の受取配当（一株当たり六・一七ドル）を加えた予想株価は四三・四三～五九・一六ドルで、その複利リターンは一六・二～一九・八％となる。

株価分析のまとめ

バフェットは一九九二年に三億三七〇〇万ドルでフレディマックの株式を約三四八四万四

フレディマックの予想EPSと配当

年	EPS	配当
1993	0.96 ドル	0.27 ドル
1994	1.13	0.31
1995	1.33	0.37
1996	1.56	0.43
1997	1.84	0.51
1998	2.16	0.60
1999	2.55	0.71
2000	2.99	0.83
2001	3.52	0.98
2002	4.14	1.16
		6.17 ドル

四〇〇株を購入したが（取得価格は一株当たり九・六七ドル）、この株式は八・五％のクーポンが毎年一七・六％で成長していく疑似債券と見ることができる。この株式を一〇年間保有したときの予想複利リターンは一六・二〜二一・八五％（税引き前）となる。

フレディマックの予想結果

われわれの予想はどれほど正しかったのか、その実績を検証したのが次ページの表である。

われわれはウォール街の人々とは違って長期の利益を予想しているので、どうかこの点を念頭に置いて予想結果を見てください。どうもわれわれの予想は少し保守的であったようだ。実績EPSは過去八年のうち七年までが予想を上回る結果となった。二〇〇〇年にフレディマッ

フレディマックの予想EPSと実績EPS

年	予想EPS	実績EPS	予想に対する実績の誤差
1993	0.96ドル	1.02ドル	＋6.2％
1994	1.13	1.27	＋12.3
1995	1.33	1.42	＋6.7
1996	1.56	1.65	＋5.7
1997	1.84	1.90	＋3.2
1998	2.16	2.13	−1.3
1999	2.55	2.96	＋16.0
2000	2.99	3.39	＋13.3

ク株は三七～六六ドルで推移したので、バフェットが一九九二年に一株当たり九・六七ドルで購入した同社株をこの株価で売却したとすれば、その（税引き前）複利リターンは一八～二七％となる（受取配当を含めない）。その後バフェットはフレディマックのビジネスモデルが大きく変化し、自分のリスク許容範囲を超えてしまったと述べている。同社の事業のように自己資本比率の低いビジネスは、状況が悪化すると一夜にして危機に陥る可能性がある。長期にわたって利益を上げるには安全が第一である。バフェットによれば、資産を築き、リッチであり続ける最初の原則はお金を失わないこと、二番目の原則は最初の原則を忘れないことである。

第20章 バフェット流投資法のワークシート

以上で皆さんはバフェット流の株式投資法について理解したと思う。そこでインターネットやバリューラインで注目した企業の財務データを収集したら、以下の質問に回答してみてください。自然にバフェット流の投資法が身についていくだろう。

一．その企業は持続的な競争力を持っているか　この質問に「はい」と答えたら、何を根拠にしてそう回答したのかを七歳の子供でも分かるように簡単な言葉で説明してください。バフェットは物事を単純に考えるのが好きである。小さな子供でも分かるように説明できなければ、それはその企業に持続的な競争力がない証拠である。そのようなときは、ほかの持続的な競争力を持つ企業が見つかるまで投資は控えたほうがよい。あなたの選んだ企業に持続的な競争力があると思うならば、その根拠を説明してください。

二．その企業の事業内容を理解しているか　バフェットによれば、その企業の事業内容が理解できなければ、その商品やサービスが陳腐化するのかどうかも分からない。彼は投資した企業の商品やサービスが陳腐化するのをとても恐れていた。このリスクの犠牲にならないようにするには、投資する企業の事業内容を完全に理解していなければならない。この質問に答えられないときは、事業内容が分かるほかの企業を見つけるべきだ。では、あなたが選んだ企業の事業内容を説明してください。

三．その企業に持続的な競争力があり、その事業内容も理解できるならば、次はその商品やサービスは今から二〇年たっても陳腐化していないか　これはバフェット好みの質問である。今

から二〇年たっても人々はその企業の商品を使い続けているか。この質問に「はい」と答えれば、分析を続けてください。「いいえ」であれば、分析を打ち切って映画でも見に行ってください。翌朝にフレッシュな気分で別の企業の分析に取りかかったほうがよい。あなたの選んだ企業の商品やサービスが今から二〇年たっても陳腐化していないと考えるならば、その理由を説明してください。

四．その企業は得意の分野に資金を集中投資しているか　この質問に「はい」と答えたら、その企業がゼネラル・エレクトリック（GE）のようなコングロマリットであれば、持続的な競争力を持つ企業を買収してそうなったのか、それとも価格競争型のビジネスに多角化していった結果なのかを調べなければならない。買収した企業が素晴らしい会社や優良企業であると思われるならば、カクテルグラスを片手に本格的な分析に取りかかってください。その企業がコングロマリットであれば、傘下にある持続的な競争力を持つ企業と価格競争型の企業をリストアップして、経営陣がどちらの事業を重視しているのかを調べてみよう。

持続的な競争力を持つ企業	価格競争型の企業

五．その企業のＥＰＳ（一株当たり利益）は安定成長しているか　「はい」であれば分析を続ける。一～二年に利益の落ち込みが見られたときは、それが一時的なものなのか、それとも構造的な原因によるものなのかを調査する。一時的な原因によるものであれば、分析を続行する（解決できる一時的な原因で減益→株価の下落となったときは買いのチャンスである）。利益の落ち込みやばらつきが常態化しているときは、分析を打ち切って次の投資候補企業が見つかるまで資金をキープしておくべきだ。利益が安定成長していれば、バリューラインなどで過去一〇年間のＥＰＳの推移を調べ、その期間の平均ＥＰＳ成長率を計算してみよう。

六．その企業のＲＯＥ（株主資本利益率）は高く安定しているか　その企業が長期にわたって成長し続けるには、高く安定したＲＯＥを維持しなければならない。高速で海を航行する船には、強力なエンジンが必要であるのと同じである。ＲＯＥは一五％以上であるのが望ましい。

年		EPS	
02		____	(PV ＝基準年)
03	1 年目	____	
__	2 年目	____	
__	3 年目	____	
__	4 年目	____	
__	5 年目	____	
__	6 年目	____	
__	7 年目	____	
__	8 年目	____	
__	9 年目	____	
__	10 年目	____	(FV ＝予想対象年)

金融電卓に PV ＝今期の EPS、FV ＝ 10 年後の EPS、N ＝ 10 と入力し、CPT・% i キーを押すとその期間中の EPS 平均成長率が求められる

年	ROE
1. ____	______
2. ____	______
3. ____	______
4. ____	______
5. ____	______
6. ____	______
7. ____	______
8. ____	______
9. ____	______
10. ____	______

平均 ROE =

過去 10 年間の ROE を合計し、それを 10 で割ると
平均 ROE が求められる

その企業が高いＲＯＥを維持していないときは、ペンを置いて散歩にでも出かけよう。バリューラインなどで過去一〇年間のＲＯＥのデータを調べ、平均ＲＯＥを計算しよう。

七．その企業のＲＯＴＣ（総資本利益率）は高く安定しているか　これは質問六と類似しているが、その企業が高く安定したＲＯＴＣを維持していないときは、直ちに分析を打ち切るべきだ。

八．その企業は保守的な財務政策をとっているか　経営上の困難に直面したとき、それを乗り切るには強い財務基盤が必要である。一般に持続的な競争力を持つ企業は強力な収益力を持っているので、長期債務はまったくないか、あってもごくわずかである。企業の財務力を評価する一般的な指標である負債・株主資本比率（デット・エクイティ・レシオ）はあまり役に立たないが、それは企業が株主資本を取り崩して債務を返済することはほとんどないからだ。企業の債務返済能力を測る唯一の信頼できる指標は収益力である。今期の純利益ですべての長期債務を返済するには何年かかるのかを計算してみよう。今期の長期債務（　　　　）÷今期の純利益（　　　　）＝長期債務を純利益で返済するのに必要な年数（　　　　）。長期債務が純利益の五倍以上に上っている企業は要注意である。

九．その企業は自社株買いを実施しているか　その企業が自社株買いを実施すれば、一銭も

年	ROTC
1. ____	______
2. ____	______
3. ____	______
4. ____	______
5. ____	______
6. ____	______
7. ____	______
8. ____	______
9. ____	______
10. ____	______
平均 ROTC =	

過去 10 年間の ROTC を合計し、それを 10 で割ると
平均 ROTC が求められる

出さないで持ち株比率を高めることができる。バフェットが投資した企業に自社株買いを促すのはこうした理由による。その企業の一〇年前の発行済み株式数から今期の発行株数を差し引くと、この一〇年間にその企業が買い戻した株式数を計算できる。その値がマイナスであれば、新規に株式を発行したことを意味する。発行済み株式数が減少している企業を探すべきだ。

一〇．その企業はインフレの影響を製品やサービスの価格に転嫁できるか　この質問に答えるには、少し調査が必要である。もしもその企業が二〇年前と同じ値段で製品を販売しているとすれば、その会社は価格競争型の企業であり、分析を打ち切るべきだ。過去二〇年間に年平均で最低四％の値上げを実施している企業であれば、その製品はインフレの影響を十分にカバーしている。金融電卓にＰＶ＝二〇年前の製品価格、ＦＶ＝現在の価格、Ｎ＝二〇を入力し、ＣＰＴ・％ｉキーを押すと年平均の値上げ率が表示される（この数字がマイナスであれば、その企業は価格競争型の企業であり、直ちに分析を中止すべきである）。

一一．その企業は工場や設備の更新に多額の投資を必要とするか　その企業の事業内容をよく調べて回答しよう。その企業は自動車を作っているのか、それともソフトを開発しているのか。高額のジェット飛行機が必要なのか、それとも陳腐化のリスクがなく、二〇年間も同じ設備を使うことができるのか。この質問一一に「はい」と答える企業は要注意である。

価格分析

一二．その企業の株価は相場全体の下落や不況、一時的な経営上の問題などのために値下がりしているか　これまで何回も指摘しているように、こうした状況は絶好の買いのチャンスである。こうしたときに株式を買わないとせっかくの好機を逃してしまう。株式投資で富を築きたいのであれば、株式市場の近視眼と悪材料現象を利用する方法を学ぶべきだ。

一三．初期投資リターン（益回り）を計算し、それを国債利回りと比較してみよう　今期のEPS÷現在の株価＝益回りとなり、この益回りと予想EPS成長率の合計値を国債利回りと比較する。この値が国債利回りを下回っていれば、現在の株価は割高な水準にあると考えられる。

一四．その株式を疑似債券と考えて、予想複利リターンを計算してみよう　過去一〇年間の平均ROE－平均配当性向＝予想BPS（一株当たり株主資本）成長率となるので、金融電卓にPV＝今期のBPS、％i＝予想BPS成長率、N＝一〇と入力し、CPT・FVキーを押すと一〇年後の予想BPSが求められる。次にこの予想BPS×平均ROE＝予想EPS、予想EPS×過去一〇年間の平均PER（株価収益率）＝予想株価を計算する。そして金融電卓にPV＝現在の株価、FV＝予想株価、N＝年数を入力し、CPT・％iキーを押すとその年までの複利リターンが表示される。

過去一〇年間の平均ROE＝
平均配当性向＝
今後一〇年間の予想BPS成長率＝
予想EPS＝
過去一〇年間の平均PER＝
予想株価＝
予想複利リターン＝

一五．ヒストリカルなEPS成長率から予想複利リターンを計算してみよう

例えば、二〇〇二年に購入した株式を二〇一二年に売却したときの予想複利リターンを計算するには、二〇〇二年までの過去一〇年間のEPS平均成長率から今後一〇年間の予想EPSを計算し、それに過去一〇年間の平均PERを掛けて二〇一二年の予想株価を求める。これを金融電卓で計算すると、PV＝一九九二年のEPS、FV＝二〇〇二年のEPS、N＝一〇を入力し、CPT・%iキーを押すとこの一〇年間のEPS平均成長率が求められる。次にPV＝二〇〇二年のEPS、%i＝過去一〇年間のEPS平均成長率、N＝一〇と入力し、CPT・FVキーを押す

年		予想株価	
02		________	（PV ＝基準年）
03	1年目	________	
04	2年目	________	
05	3年目	________	
06	4年目	________	
07	5年目	________	
08	6年目	________	
09	7年目	________	
10	8年目	________	
11	9年目	________	
12	10年目	________	（FV ＝予想対象年）

金融電卓にPV ＝現在の株価、FV ＝予想株価、N ＝ 10と入力し、CPT・％ i キーを押すと今後10年間の予想複利リターンが求められる

と二〇一二年の予想ＥＰＳが表示される。この予想ＥＰＳに過去一〇年間の平均ＰＥＲを掛けると二〇一二年の予想株価が出るので、ここから予想複利リターンを計算する。

投資判断

「投資をすべきかやめるべきか、それが問題だ」。その企業が持続的な競争力を持つ企業であり、しかも株価がビジネスセンスにかなった水準にあれば、その株式を購入してもよいだろう。ただし、持続的な競争力を持つ企業であっても株価が高水準にあるときは、相場全体の下落や不況、一時的な経営上の問題などによる株価の値下がりを待つべきだ。一方、その企業が持続的な競争力を持たないことが判明したら、分析を打ち切って散歩に出かけたほうがよい。気分をリフレッシュすれば、別の有望な企業も見つかるだろう。

ここでアドバイスをもうひとつ。バフェットはよく、この世で最も難しいことは辛抱強く待つことであると言っている。そう、物事は急いではならないのだ。持続的な競争力を持つ企業の株式が割安な水準に来るのをじっと待っていれば、必ずや買いのチャンスはやって来る。逆に言えば、こうした絶好のチャンスはすぐにはやって来ない。ダイヤモンドのような株式を狙っているときは、株式市場の近視眼と悪材料現象の出現を辛抱強く待つべきだ。そうしたチャンスは必ずやって来るので、そのときは手を差し出して拾うだけでよい。

訳者あとがき

本書は一九九七年に出版された『バフェットロジー（Buffettology）』の新版である『ザ・ニュー・バフェットロジー（The New Buffettology）』の邦訳である。初版が出版された一九九七年は一〇年に及ぶ米株式の大相場がまだ順調に進展しているとき。一方、この新版が出版された二〇〇二年は歴史的な大長期相場のバブルが弾け、米株式が大波乱となった時期である。

このようにこれら新旧『バフェットロジー』は株式相場の環境がまったく正反対のときに出版されたので、その内容も大きく異なるだろうと思われるが、実際には基本的な内容にそれほど大きな違いはない。もっと正確に言えば、データや予想株価・リターンの計算法などは今風にバージョンアップされたが、バフェットの株式投資のベースとなる相場の考え方や投資法はほとんど変わっていない。つまり、どのような相場環境にあってもバフェットは自らの相場哲学や投資のやり方を変えることはなかった。

「オマハの賢人」と言われるウォーレン・バフェットほど、多くの語録・格言・伝説に彩られた投資家はいない。いわゆる「バフェット本」と呼ばれる言葉が普通に使われていることでも、彼の株式投資家としての断トツぶりがよく分かる。いわく、「セックスしたくてウズウズしているのに無人島にいる、まさにそんな気分です

（米株式が高くなりすぎて買うべきものが見つからない）」「セックスしたくてウズウズしながらハーレムにやって来た、まさにそんな気分です（米株式が暴落し、投資を始める絶好のタイミングだ）」「ルールその1――絶対に損をしないこと、ルールその2――絶対にルール1を忘れないこと」「一ドルのものを五〇セントで買うこと」……。

われわれ一般投資家はこうしたバフェットの語録・格言を読むと「そうなのか」と妙に納得し、新鮮な気持ちで株式相場に臨む勇気をもらったような気分になる。しかし、実際の株式相場を前にしたとき、この「一ドルのものを五〇セントで買う」という言葉の意味を現実のものとして理解できる個人投資家は果たしてどれだけいるだろうか。本書はこうしたバフェットの数多くの語録・格言の意味、つまり彼の株式投資の考え方や投資法を一般の投資家でも理解・実践できるように具体的に分かりやすく解説したものである。

もっとも、日本の投資家がこうしたバフェットの投資に対する考え方や投資法をうのみにしても、現実の株式相場で成功するのは難しいだろう。日米株式の相場環境が異なるうえ、各産業の競争力にも大きな違いがあるからだ（例えば、バフェットは自動車や鉄鋼メーカーを典型的な価格競争型の企業として投資対象から除外している）。しかし、本書でくどいほど繰り返されているバフェット流の投資法を十分に理解し、日本の株式相場でも使えるように自分流にアレンジすれば、かなり現実的なバリュー投資のアプローチを確立することは可能であろう。

筆者の言うように、バフェットの投資法は人間の基本的な習性や一般の投資原則とは相反しているので、総悲観に買い向かうということを頭では知っていても、それを実際に実行するのはかなり難しい。しかし、バフェット流のこの逆張り投資法を実行しないと、株式投資で大きな利益を手にすることもまたできない。こうした現実をよく念頭に置いて、じっくりと本書を読んでください。

パンローリング社長の後藤康徳、編集・校正の阿部達郎（ＦＧＩ）の両氏には心よりお礼を申し上げたい。また、翻訳に際して『バフェットロジー』の姉妹本ともいうべき『バフェットの銘柄選択術（原書は「The Buffettology Workbook」）』（日本経済新聞社）を参考にさせてもらった。ここに併せてお礼を申し上げたい。

二〇〇七年二月

関本博英

■著者紹介

メアリー・バフェット（Mary Buffett）

彼女のビジネスセンスは、ビデオ・企業広報の編集会社スペリア・アセンブリーのCEO（最高経営責任者）として大きな成功を収めていることでも証明されている。同社は人気歌手・女優のマドンナやコカ・コーラなど多くの優良顧客を持つ。カリフォルニア州ビバリーヒルズ在住。

デビッド・クラーク（David Clark）

ネブラスカ州オマハにある投資会社のポートフォリオアナリストで、30年以上にわたるバフェット家の親しい友人。ネブラスカ大学で金融、カリフォルニア大学ヘイスティングズ・ロースクールで法律の学位を修得。

■訳者紹介

関本博英（せきもと・ひろひで）

上智大学外国語学部英語学科を卒業。時事通信社・外国経済部を経て翻訳業に入る。国際労働機関（ILO）など国連関連の翻訳をはじめ、労働、経済、証券など多分野の翻訳に従事。訳書に、『賢明なる投資家【財務諸表編】』『証券分析』『究極のトレーディングガイド』『コーポレート・リストラクチャリングによる企業価値の創出』『プロの銘柄選択法を盗め！』『アナリストデータの裏を読め！』『マーケットのテクニカル百科　入門編・実践編』『市場間分析入門』『初心者がすぐに勝ち組になるテクナメンタル投資法』『バイ・アンド・ホールド時代の終焉』『わが子と考えるオンリーワン投資法』『規律とトレーダー』（いずれもパンローリング）など。

2024年4月3日　初版第1刷発行

ウィザードブックシリーズ㉟⑦

バフェット流株式投資入門
――優れた企業を見つける方程式

著　者　メアリー・バフェット、デビッド・クラーク
訳　者　関本博英
発行者　後藤康徳
発行所　パンローリング株式会社
〒160-0023　東京都新宿区西新宿7-9-18　6階
TEL 03-5386-7391　FAX 03-5386-7393
http://www.panrolling.com/
E-mail　info@panrolling.com
編　集　エフ・ジー・アイ（Factory of Gnomic Three Monkeys Investment）
装　丁　パンローリング装丁室
組　版　パンローリング制作室
印刷・製本　株式会社シナノ

ISBN978-4-7759-7326-4